南无本师释迦牟尼佛

全知麦彭仁波切

八大菩萨传

宝珠鬘

麦彭仁波切·著
索达吉·编译

西藏藏文古籍出版社

图书在版编目（CIP）数据

八大菩萨传 / 麦彭仁波切著；索达吉编译．
—拉萨：西藏藏文古籍出版社，2019. 3
ISBN 978-7-5700-0236-8

Ⅰ．①八…　Ⅱ．①麦…　②索…　Ⅲ．①菩萨—介绍—中国　Ⅳ．① B949. 92

中国版本图书馆 CIP 数据核字（2019）第 058692 号

八大菩萨传

作　　者　麦彭仁波切 著　索达吉 编译
责任编辑　郭晓斐
装帧设计　一时文化
出　　版　西藏藏文古籍出版社（拉萨市色拉路 22 号　邮编：850000）
　　　　　　第二编辑部（北京）：北京市东土城路 8 号林达大厦 A 座 13 层
　　　　　　邮编：100013　　电话：010-64462318
　　　　　　打击盗版：0891-6649998　13908990085
印　　刷　北京盛通印刷股份有限公司
经　　销　全国新华书店
开　　本　16 开（710×1 000）
印　　张　18. 5
彩　　插　4 页
字　　数　205 千
版　　次　2019 年 3 月第 1 版第 1 次印刷
印　　数　1—25000
标准书号　ISBN 978-7-5700-0236-8
定　　价　58. 00 元

译序

十多年前，我翻译了吾等本师释迦佛的广传，使许多人对佛陀有了更深一层的认识。为了让更多人了解菩萨的事迹、起信、结上善缘，三年前，我又着手《八大菩萨传》的翻译，现今圆满。

每当译完一部经论，都会有种说不出的欣慰。其实，将本民族的文字译成其他语言文字，并不是一件轻易就能办到的事，尤其是佛经及圣者的论典。翻译与著书完全不同，相比之下更有难度，花费的时间更多，付出的心血更大。首先深思决定，准备不同的藏文版本，怀着纯净无染的心开始动笔。翻译时不仅要对意义理解得准确无误，而且要用通俗易懂的文句表达出来，经过反复斟酌、几番酝酿，从初稿到成形直至最后的校勘、定稿，其间可谓“饱经风霜”。所以，每一本译作的背后无不藏着只有自己才知道的风雨。

八大菩萨对汉族人而言，有些家喻户晓，有些则鲜为人知，即使知晓也是一知半解。其实，在这个大千世界，有太多太多凡夫思维模式无法触及的更高层的意境，可以说我们的见闻觉知非常非常有限。这里展示的是菩萨超凡的精彩世界，请不要以现代人看小说或一般人的生平故事那样来看，若换一种方式，带着诚挚的信心，用理性的智慧去思索、去探究，从中会找到无限的深义。

实际上，无论是哪位菩萨，他们在因地行菩萨行时都有自己独特的发心、愿力、威德力，这是多劫的凝聚、累世的串习。不管你哪方面欠缺，都可从八大菩萨的加持中得到弥补。只要你有百倍的虔诚、不懈的祈祷。

在此次翻译过程中，我对照了汉文大藏经，本书多数情节在汉文大藏经中都有，诸位也可参考。书中个别内容为便于更好地理解，我依汉文佛经做了补充，并以括号的方式呈现出来。此外，为了令读者熟悉内容，行文中还添加了一些小标题。

此法我在法王如意宝座下得受过两次传承，每次聆听，都会时而数数欢喜，时而感动流泪。如今这本书翻译圆满，祈愿以此能广利现在及未来普天下的一切有缘者，令其与八大菩萨直接或间接结上安乐缘！

索达吉

2015 年 5 月 1 日

目 录

文殊菩萨传

顶礼、供养、皈依文殊童子菩萨摩诃萨！

这位依怙智慧主尊，是三世诸佛唯一无分别智慧身，他以菩萨相尽虚空遍法界安住，在有些众生面前示现为功德圆满无余的佛陀，在有些众生面前示现为如来的长子，在有些众生前现为功德尚未圆满的学道者，在有些众生前以普通人的形象，通过各种作为，行持一切佛陀及佛子尽所有的事业，入于尽所有的众生界。因此，他的传记不可思议。

《首楞严三昧经》中说，他先前就已成佛；《利指鬘经》中说他是现在佛，如今正在住世；《文殊刹土功德庄严经》中说他在未来无数劫后示现成佛，佛号怙主普见。尽管他如此展示佛菩萨的种种事业相，但实际上永远无尽无增，依靠如虚空般的智慧身，行持等同众生际的各种事业。如《文殊密续》云："三世前我生，诸佛前我生，三世后我生，三世今我生。"又云："我是三世身，诸法隐没时，我之教法现，寂静所化前，我现文静身，忿怒所化前，我现威猛身。"为此，（作者我）将摘录于堪为正量的佛经中有关文殊童子的一些神奇幻化，言简意赅、简明扼要地加以叙述。

是他，让无数佛成佛的

《大乘圣宝源经》中记载：

普胜菩萨请问："世尊，文殊童子是安住于法界中不贪著而讲经说法，这位文殊童子入于法界直到何时？"

世尊告普胜菩萨："无量十万俱胝那由他佛陀涅槃，都是文殊童子令他们证得无上菩提的，所有那些佛陀于一切刹土真实成佛后趋入涅槃。过去久远不可思议、无可比拟、不可言说、无量无数劫以前，智慧吉祥佛出现于世，在此久远久远以前，智源如来出世。（以下每一位佛前都加'在此久远久远以前'。）依次是无上智如来、智见如来、智行境如来、智宝藏如来、狮吼如来、狮子威慑如来、狮子慧如来、力摧破如来、持力如来、吉祥积藏如来、摧破如来、胜喜王如来、力威慑如来、最寂行如来、寂光顶王如来、无边慧如来、无边调伏如来、莲花顶如来、无垢面如来、月光如来、无垢光如来、善摧诸虑如来、光明如来、普胜如来、甘露持如来、甘露称如来、无垢目如来、不退转如来、无垢眼如来、妙香王如来、妙香吉祥如来、香王如来、智慧香如来、青莲目如来、无边光目如来、伏敌如来、尊胜山王庄严如来、梵顶如来、梵护如来，出现于世。在此久远久远以前的一劫中，有六万佛陀出现于世，第一位是光明如来，最后一位是称光如来。在此久远久远以前，有四俱胝佛陀出世，第一位是燃灯如来，最末一位是目明如来。在此久远久远以前的一劫，有九俱胝佛出世，最初的一位佛叫乐目如来，最后是善分别如来。”

成不成大器，一见便知

在此久远久远以前，胜喜如来出世。这位佛陀的刹土中有称施、勇智、梵眼、旃檀、极妙、持狮子、普严、无边辩才、慧敏、决定、伴安十一位行持梵行的大菩萨，他们寂静调柔，相处融洽，十分安乐，拥有数十万功德。

当时，如娑罗大树般的婆罗门种姓中，有一位具足聪明才智的人，名叫日施。一次，他和约五百位大婆罗门朋友一道从具宝城外出，来到众喜苑，在那里看见了十一位菩萨。他们生起清净信心，极其欢喜。

称施大德观察日施婆罗门的举止威仪，觉得这位正士堪为无上菩提的法器，于是告诉十位大德说：“诸位尊者，这位日施以佛子相而行，堪当无上佛陀诸法之器。如果怀着慈悲心为他宣讲教言，他将利益众多有情并且给他们带来光明，请善加垂念。”

随后，日施婆罗门来到十一位大德前，怀着本师想对其顶礼膜拜，站立一旁，神情极为恭敬、异常欢喜。

接着，善男子称施对日施说：“佛陀难以出世，佛陀的甚深法难以证悟，超越世间一切。佛法如同虚空不曾被绘画过、将来也不能描画一般，一切法是无生无灭、无可言说的自性。”

日施婆罗门格外喜悦，究竟了悟佛陀的深法。

在这以后，日施随着十一位大德来到胜喜如来面前礼拜，居于一旁，听闻如来宣说诸法无相一相之法。日施婆罗门依靠所得善根力，腾越到七棵娑罗树高的地方，亲眼目睹了十方无量世界中无量菩萨真实修行善巧方便迥然不同的一切情形，同时看见不可估量的菩萨从兜率天降下、入胎，直到成佛、涅槃之间，都正住于这一虚空中。之后，日施婆罗门以最大的欢喜心，用适宜的偈颂赞叹佛陀。依靠所做的这一善根，在不可说（一大数目名）劫中，任何时候也未转成癫疯者、愚痴者，无论投生何处，都成为引导他众的大士，任何时候也没有转成恶趣众生、随他转者及受他控制者，甚至一弹指间也无不利益一切有情。

当时的善男子称施就是这位贤护善男子，智藏是现在的宝源菩萨，日施婆罗门则是文殊童子。作为菩萨，要想不随他转、不被他牵、不受他控制，完全趋入法界，应该依止诸位善知识。当观察，当恭敬承侍，为听闻深法，应当多方询问。

百千万次当缘觉，就是为了利他

《大乘首楞严三昧经》[1] 中记载：

在眷属中，菩萨乘的二百名众生心生怯懦，暗自思量：“遍知的境界

---

1 《大乘首楞严三昧经》：汉文大藏经中为《佛说首楞严三昧经》。

实在难以获得，我们还是借助缘觉乘趋入涅槃吧。”

为了调化他们，文殊菩萨呈禀世尊：“过去时出现一个普明劫，我在那一劫中，三十六百千俱胝那由他次以缘觉乘趋入涅槃。”那些眷属感到疑惑。

舍利子请问世尊：“趋入涅槃而无有结生到底是怎样的？”

佛陀告诉他：“请教文殊菩萨将得到答复。”

于是舍利子请问文殊菩萨：“该如何看待以上所说之意？”

文殊菩萨言：“遍知如来是我的证人，我若所言与事实相悖，那就是欺骗如来。在普明劫，圆满佛陀克胜出世，后入于涅槃，正法住世十万年。当正法隐没之际，众生只有依靠缘觉的威仪方能调化，假设有成百上千的佛陀讲经说法，他们也均不信受，全部只信服缘觉。在当时，堪为众生供养处的个别缘觉没有出现，于是，我为了利益那些有情，自称是缘觉，住在城区、皇宫区域等地，那里的人也都认为我是缘觉。我身著缘觉装束，示现缘觉威仪，由此受到他们的恭敬、承侍、供斋。后来我便为堪为法器的他们传讲正法，好似雁王般飞到空中，他们信心倍增并发愿获得这样的道。我就是以这种法门成熟了芸芸众生的善根。

当他们对供斋感到厌烦时，我便告诉他们：‘我入灭的时间到了。’他们带着各种各样的供品前来，我入于灭绝想与受的灭尽定中，以愿力趋入涅槃。他们将我的遗体火化，建造佛塔，做供养事，认为我已入灭。就这样，在那个中劫，我于王宫等地，曾三十六百千俱胝那由他次以缘觉乘趋入涅槃，凭借这种方式将三十六俱胝有情教化于缘觉乘中。尽管这般以缘觉乘趋入涅槃，但实际上并不是终极涅槃。”

是首楞严三昧的神奇

当文殊菩萨讲述此经历时，大地出现六种震动，到处遍布大光明，诸天人为了供养纷纷撒降花雨，并传出“稀有”“奇妙”的音声。众天人得以亲见如来及文殊菩萨，也得以听闻首楞严三昧，自称“得大善利”。他们请问世尊：“文殊菩萨成就如此不可思议之事业，实在稀奇，他是安住于什么三昧而示现这般不可思议之事的？”

佛告天子：“文殊菩萨是安住于首楞严三昧，故能做如是稀有之事。菩萨住于这一等持，尽管（为度众生而）示现为随信行者，乃至示现为阿罗汉，示现为缘觉趋入涅槃，也是无住而显示种种投生。”

见真谛者才真正无难事

大迦叶尊者呈禀佛陀：“如世尊所言，据我所知，这位文殊菩萨曾行持先佛的事业，转菩提藏佛教法轮，入大灭度。”

佛陀说：“的确如此。过去久远无量无边不可思议阿僧祇劫以前，由此佛土向南越过三千佛刹，有世界名为‘平等’，那里无有山峦土石等，地平如掌，出有坏龙种胜如来于此出世，寿量达四万岁。他以菩萨乘成熟了七十俱胝有情，以声闻乘成熟了八十俱胝有情，以缘觉乘成熟了九十六百千俱胝有情，之后此如来的声闻僧众不可计数。如是利益天界、人间的众生之后，龙种胜如来入灭，舍利极为可观，佛塔多达三十六俱胝。彼时众生供养佛塔，其佛法住世十万年。龙种胜如来曾授记：‘我入灭后，智光菩萨将成佛，佛号智光。’当时的龙种胜如来就是这位文殊菩萨。他依靠首楞严三昧的威力，示现从入胎直到成佛、涅槃之间，却不舍菩萨的法性，也并非完全入灭。”

大迦叶尊者对文殊菩萨说：“你示现这般不可思议的境界，实属难行。”

文殊菩萨言：“诸法以因缘伪造，本来无我，无有主故随意所成。若现见了真谛，就没有任何难行之事。”

放下屠刀，立地成佛

《利指鬘经》中记载：

在这个刹土的西方，有世界名叫诸宝庄严，如来应供正等觉世间见喜超胜大精进佛现今住世，他就是指鬘。彼佛刹土的一切众生，全无老病等不适，寿命无量，威光无量。

由此向北，有世界名叫恒极喜净信，如来应供正等觉胜解极喜藏宝积王佛现今住世，讲经说法，他就是这位文殊童子。彼佛刹土，无有声闻、缘觉，没有老病等痛苦，一切众生具足所有安乐，寿命无量，威光无量。

何人听闻指鬘、文殊童子二位的名号，或者恒常顶礼，在彼众生家中将现见具喜世界，阻塞四恶趣门。听到此二圣尊的名号，纵然成为外道，犯他胜罪、造无间罪而受到或讥讽、或谴责、或凌辱、或非议，或为了利养而恭敬、赞颂，都将阻塞四恶趣之门。任何善男子或善女人，如若以这两位圣尊的名号作为庇护，将消除一切荒凉及畏惧，受到保护，天、龙、夜叉、罗刹等不能侵害。

这样功德庄严的刹土，令人向往

《大悲白莲经》[1] 中记载：

国王辐围的第三王子王众，在宝藏如来前发愿："我受持清净佛土，不愿速得成佛。在此期间奉持菩萨行，得以目睹十方无边无际世界的一切佛陀，我令所化众生初发菩提心，行持波罗蜜多后成佛，数量等同无边刹土微尘数，这一切我一一得以现见，愿我能如此行持佛陀的事业。

1 《大悲白莲经》所摘内容，在汉文大藏经《悲华经（卷三）》中有。

往生到我刹土的一切有情，（心净）如同梵众天的诸天人[1]。受持尽大千世界恒河沙数佛土合为一佛土的功德庄严。

我刹土中，城墙高至有顶边际，此墙由众多奇珍异宝点缀，整个大地均为琉璃所成，无有尘土等垢污，必定远离八无暇、痛苦、破戒、堕罪，连女人、声闻、缘觉、烦恼众生的名字也不复存在，无有段食之贪而以法喜为食。

遍满化生、持梵净行、意乐清净的菩萨及个别最后有者菩萨，他们刚一出生，便须发自落，身著法衣、袈裟，具大光明。其珍宝钵盂中，充满各种美味。当时他们思维：'我们不应吃此段食，理当供养其他世界的佛陀及其眷属，布施一切有情。'刚这样作意，即刻获得'不可思议行'等持，于是畅通无阻地前往十方无量刹土，满怀欢喜供养一切佛陀、声闻及所有众生，并畅谈正法。时至中午，返回自己的佛土。衣服、珍宝也如此上供下施。愿我刹土的诸位菩萨，其一切所需与诸佛、声闻及其余众生共享后，再自己享用。

愿我刹土，宝珠光普照，积聚数十万严饰，具有于诸十方见所未见、闻所未闻之殊胜，即便只提及种种珍宝的名字，俱胝年也说之不尽。在我刹土，金、银、水晶、琉璃等据众生各自意愿而随心显现，相互之间不现[2]，

1 《悲华经》云："我所教化诸众生等，令其心净犹如梵天。"
2 《悲华经》中意为显而不失，即后者显现时，前者并不会消失。如云："当见银时不失金相。当见金时不失银相。"

想如何受用、享用，便会如是呈现。

在我刹土，虽无日月，但那些菩萨有大光明，随其所求自然放光，乃至能照千万俱胝那由他佛刹。在我刹土，唯以莲花绽放区分昼夜，而无有昼夜之名。

在我刹土，菩萨若想成佛，即以欢喜迁移到其余刹土成佛，除此之外，无有从我刹土生到其他刹土而受寒暑、疾病、不乐、老、死之事。在我刹土，无有死亡，（若离世时，）处于上方虚空中，如同如来于无上菩提中般涅槃，并从空中传出数千万铙钹的妙音，其皆为波罗蜜多、三宝、菩萨法藏的声音以及自己信受的法音，而听不到欲望之声。

愿我刹土，无有须弥山、铁围山、尘山、大海及其他树木，到处遍满超胜天界的种种妙树，及曼陀罗、大曼陀罗等天花，无有臭秽，弥漫各种广大妙香……十方无数无量佛刹净土的所有功德庄严、严饰、相状、稀有、愿力，愿我刹土悉皆具足，声闻、缘觉、五浊之世的刹土布局除外。

如若我行持菩萨道而于此刹土成就，愿那些我令其初发菩提心并受持六波罗蜜多的所有菩萨，均往生到我之刹土，释迦牟尼佛的这一刹土也属于我刹土之中。若入我刹者，一切痛苦全部消除。

我于这一刹土成佛时，菩提树名为七宝锦，树粗为一万个四洲之量，此树的芳香及光芒遍布周围十个三千大千世界。在这棵菩提树下，有一个以奇珍异宝严饰的金刚座，名为真向寂静庄严善择智香，面积为五个四洲世界大小，高为四千万由旬。我于其上结跏趺坐顷刻成佛，直到涅槃之间不解跏趺、不起跏趺而安住，并在不可胜数的佛土中，幻化出无量诸佛及菩萨。一一化佛，一上午时间也可使无数有情受持无上菩提，趋至不退转；那些幻化的菩萨，也行持菩萨所为，在十方无数刹土中显示为我的身体，何者见之，决定证得无上菩提，乃至涅槃之间不离佛陀，诸根齐全。任何菩萨想要见我，一萌生此念，不管行于何处、居于何地，立即就能见我坐于菩提树下。得见之际，便对正法远离一切怀疑，未曾宣说的意义也能完全通达。

在我刹土，有情的数目和寿命不可估量，除了佛陀的遍知智慧，谁也无力计算。从我成佛至涅槃之间，我刹土的众生不留长发、不穿白衣，须发自落、身披袈裟、持沙门相、住沙门法。”

宝藏如来告王众王子：“大士，善哉。你极其聪睿，具足功德、智慧，为利益众生发此善妙大愿，实在是具殊胜智慧的行为，受持如是微妙殊胜的佛土功德，故称你为‘文殊’。文殊，你在未来经过二恒河沙数阿僧祇劫，于第三恒河沙数阿僧祇劫时，在南方离尘正积世界——娑婆世界也归属其中，成就如来应供正等觉佛果，佛号普见。你行菩萨道时所发的一切大愿，皆得以实现。你于数多俱胝佛陀前种植善根，故成为一切有情的妙药，你将奉行所想，能破烦恼，增长善根。”

做善事，为什么回向最值得

《大宝积经》第十五品“文殊刹土功德庄严”[1]中记载：

过去久远，过七恒河沙数阿僧祇劫以前，由此向东方有世界名为“妙生”，雷响妙音王于此成佛后讲经说法。当时，这位文殊是虚空王转轮王，连同太子、王妃、亲眷，在八万四千年中，以神馐等一切资具对如来及声闻、菩萨僧众做丰盛供养。之后国王独处深思：我这分善根，是为梵天、帝释、转轮王、声闻、缘觉哪一种作回向呢？正当这时，空中传来众天人之声：“大王切切不要发下劣之心，你要将所做的广大善根为无上菩提而回向。”

国王满怀欢喜，心想：愿我于菩提中决定不退转。此时，八十百千俱胝那由他含生转绕国王。于是他来到雷响妙音王如来前，双手合掌，以“我心如何生……”的偈颂启禀如来，如来也以“诸法依缘生，住于意乐上，何人发何愿，当得如是果……”的偈颂教诫他为圆满菩提而发心。

国王发起无上菩提心后，呈报能获得无上菩提的一切方便法，说：“我从现在起，直至菩提之间，十方佛陀作证，不生烦恼心，断除一切不善业，具足梵行清净戒律，随学佛陀。我不愿速得成佛，乃至未来际，纵然为利一个有情也奉行（菩萨行），修行不可限量、不可思议的佛刹，愿

1 《大宝积经》第十五品“文殊刹土功德庄严”：汉文大藏经中为《大圣文殊师利菩萨佛刹功德庄严经（卷二）》。

于诸十方，皆听闻、传布我名号。”

追随国王的二十俱胝众生也都发愿成佛。

这位文殊童子自发菩提心时起，已过七十万恒河沙数阿僧祇劫。此后又过六十四恒河沙数劫，获得无生法忍。从那以来，他具足如来的十力，圆满菩萨的十地，完全到达佛地。尽管他圆满了佛陀的一切法，可是连“我现不现前圆满正等觉菩提”的一念之心也不曾生起。

世尊告言：“先前与虚空王一同发心的二十俱胝众生，均已成佛，利益无量有情之后，除一位佛外都趋入了涅槃。这些佛均是依靠这位文殊童子而行持六波罗蜜多的，他们供养承侍一切佛陀，并受持其正法。此外的那位如来在此下方，经过四万四千恒河沙数刹土，有世界名叫地妙音，（有如来名为地天，）地天如来于此被无量菩萨僧众所围绕，寿命无量，现今住世。”

狮子妙力雷音菩萨问文殊菩萨：“你既已圆满菩萨地，获得了佛陀的一切法，为何不成佛？”

文殊菩萨答言：“既然圆满了佛陀之法，也就再无菩提可言，因为原本已经证得。以真如本体与万法其性平等的缘故，无生无灭中无有所证菩提。”以此意义予以了答复。

我们的世界观太狭小了

世尊又说："文殊，请讲一下你刹土功德庄严的大愿。"

文殊菩萨应允，为大众讲述自己的愿力。他右膝着地，双手合掌，顶礼佛陀，此时六恒河沙数世界悉皆震动。

文殊菩萨陈述道："自十万俱胝那由他不可计数劫时起，我便发愿：有朝一日，我以无碍佛眼目睹十方无边无际世界，所有佛陀出有坏皆由我劝令趋入菩提，发菩提心，行持波罗蜜多并随之教授，在没有亲见这一切之前，我不证无上菩提佛果。若于十方不再见到有任何佛陀不是我令其成佛，尔时我才现证无上菩提，圆满佛果。"

在场的菩萨心想："这位文殊菩萨要见到尽其所有的佛陀如来啊。"

世尊知晓他们的心念而告言："善男子，譬如，有人将这个大千世界碎为微尘、化为灰烬，要想计算其微尘的数量，不可以百、千、十万等单位衡量。同样，尽其所有的佛陀也像这样无量无数，但文殊菩萨却能以无碍佛眼观见之，于十方一一世界悉皆得见。"

尔后文殊菩萨呈禀世尊："愿我这一刹土，有众多恒河沙数佛土合在一起那样面积广大，（城墙）由成千上万的珍宝点缀[1]，高至有顶。在那

1 《大圣文殊师利菩萨佛刹功德庄严经》云："世尊我有如是愿，以殑伽沙数广大世界成一佛刹。其佛刹中墙壁高大，至于有顶，无量百千众宝庄严。"

里，约有十个大千世界之量的菩提树，其光芒遍照一切刹土。我安坐于树下，从成佛到涅槃之间永不起座，然而以幻化身于十方每一方的无数刹土中为众生宣说正法。

在我刹土，无有声闻、缘觉的名字，也无有女人、胎生，到处充满身披袈裟、跏趺化生、无嗔恨烦恼隐覆之过失、梵行清净的菩萨。

愿我的刹土，像极乐世界那样具喜乐之食，而我刹中菩萨一生起进食之想，就有盛满数百种美味的器具出现在他们右手，以此首先供养十方佛陀及声闻，随后以五通的神变刹那间对投生于贫困饥饿的饿鬼道等一切有情发放布施，令他们满足，并为其说法，之后再自己受用。（刹土中）相应于沙门法的种种宝衣，也如此享用。那些菩萨尽其所有的受用，都如是出现并享用。

在我刹土，连八无暇、不善、痛苦、过患、不悦意色等名字也不存在。

在我刹土，充满十方世界见所未见、绝无仅有的数十万俱胝那由他奇珍异宝，纵然提及这些珍宝的名字，也需用百千俱胝年。凡往生我刹土者，连寒暑、病、老、死的名称也听不到。任何菩萨想要成佛，即可前往其他刹土，到兜率天处寿尽降生，再得成佛。

在我刹土，有菩萨想见此刹为纯金等所成[1]，随其意愿如是显现。

---

1 《大圣文殊师利菩萨佛刹功德庄严经》云：“彼世界中菩萨，乐见彼刹而为金者即现于金，乐见银者即现于银，然于见金未曾损减。乐见吠琉璃颇胝迦赤珠玛瑙牟萨罗宝无量诸宝，各随所乐见种种相。并及彼沉水香、多蘖罗香、多摩罗跋香、龙坚香、栴檀香，各随所欲悉皆得见。”

在我刹土，除菩萨与菩提树的光芒以外，不现日、月、星辰、闪电等光，唯以莲花开合来区分昼夜，此外没有昼夜的名字，那些光芒遍及十万俱胝那由他佛土。在上方虚空中，恒常不断传出十万俱胝那由他铙钹妙音，虽不现相而闻其声，其音声皆为波罗蜜多、三宝、菩萨法藏之声以及随菩萨各自信解的法音。

在我刹土，何者想见佛陀，即刻亲睹如来安坐在菩提树下，（若对佛法有疑，只要一见佛陀，）[1] 无需解说便通达法义，疑网尽断。

如此十方无量无数十万俱胝那由他世界的诸佛刹土之功德庄严、愿力、妙相等，我尽其所有一览无余。除了声闻的庄严刹土及五浊世界中成佛的刹土以外，一切刹土均归摄、容纳于此刹土中。若要赞叹此佛刹的功德庄严，在尽恒河沙数劫中，纵然别无他事而只用来讲述，或者用比这更长的时间，也说之不尽，只有如来智慧对此能自在无碍照见。”

佛陀告言：“文殊，的确如此，如来洞悉一切。”

其后，文殊菩萨说：“幻术可以幻化，但幻术并不存在，同样，万法显现生灭而无有生灭，这就是平等性……”

智妙菩萨等所有威严显赫的菩萨，也展示各自的辩才而利益了芸芸众生。

---

1 《大圣文殊师利菩萨佛刹功德庄严经》云：“彼中菩萨渴仰于佛随所诸处经行坐立，应念即见普见如来应正等觉坐菩提树。若诸菩萨于法有疑，但见彼佛不待解说，疑网皆断解了法义。”

他的利生事业无与伦比

随后，世尊彻知眷属菩萨们的心念而教授道："文殊的刹土名叫圆满语无尘积，它出现在南方，这个娑婆世界也属于其中。文殊童子成佛时，佛号普见，因为他能见到十方无量无数百千俱胝那由他世界的一切佛陀出有坏，而且任何众生若得见普见如来，都必定证得无上菩提，何者听到其名号，除非是不可逆转、无有信解者，否则皆能于无上菩提成佛，故而由此得名。"

在场的数十万俱胝那由他菩萨异口同声地说："'普见'名副其实，任何众生听到他的佛号，尚且能得到殊胜之利，更何况往生其刹土？何者听到如是授记所说与文殊童子的名字，彼即现见佛陀。"

世尊告言："善男子，如你们所言，的确如此。何人持诵千万俱胝那由他佛陀名号，也不及持诵文殊童子名号的福德大，更何况持诵普见如来名号了。为什么？文殊童子于每一劫所做的利众之事，十万俱胝那由他佛陀也不曾行持。"

由此，在场的天人等数十万众生共诵："顶礼文殊童子！顶礼普见如来！"之后，八十万俱胝那由他众生发无上正等大菩提心，无量有情成熟善根，于无上菩提得不退转。

极乐世界只是沧海一粟

在场的有些菩萨这样想："文殊刹土的功德庄严，与极乐世界是否相同？"

世尊知晓他们的心念而告言："如同有人用发尖的百分之一许从大海中取一滴水，这相当于极乐世界的功德庄严，大海中剩余的水相当于普见如来的刹土庄严。"

狮子妙力雷音菩萨白佛："有与此刹土等同的其他刹土吗？"

佛告狮子妙力雷音菩萨："在东方善住愿超胜世界中，普光功德恒众海王如来现今住世，寿命无量，他的刹土与普见如来刹土相同、不增不减。安住于文殊此行为、披上不可思议铠甲的光面、智妙、寂根、慧愿这四位菩萨，他们的刹土庄严也是如此。"

狮子妙力雷音菩萨问文殊菩萨："你将于何时成佛？"

文殊菩萨回答："何时虚空界成为有色，彼时我才成佛。同样，何时幻师所幻之人证得菩提，彼时我才成佛。文殊本身就是菩提，菩提也就是文殊，空性就是证觉者。"

尔后世尊告言："善男子，无量光如来的菩萨及声闻众，其数虽然不可思议，但（跟普见如来刹土的眷属相比，）极乐世界的会众就如同从磨羯国芝麻洞内取出的一粒芝麻，而剩余的芝麻相当于普见如来刹土的会众，有如此悬殊的差别。

普见如来寿量有多长呢？如此将这个大千世界碎为微尘，(一尘一劫，)[1]也不能诠表其数的百千分之一。由此可知，普见如来寿命无量无边。”

接着佛又告言：“将来文殊童子成佛时间之量：譬如将这个大千世界碎为微尘，有人从中取一粒越过尽微尘数的大千世界后放下，如此以这种方式在东方放完了所有微尘。同样，第二个人在南方如此放置微尘……乃至如是放于十方。以这种方式包含的十方世界，以十万百千俱胝等计量也不可胜数。如此把放微尘和没有放微尘的世界再全部碎为微尘，精通历算者也无法以百千俱胝等了知或算出它的数目，这个数目会令一切众生迷乱。只有如来才悉知这些微尘以百数计算有这么多、以千数等计算有这么多，甚至超过它的数目，也无所不知。”

任何结果的背后都有它的因缘

弥勒菩萨白佛言：“世尊，为求这样的大智慧，假设菩萨乃至未来际在众生大地狱中被焚烧，也该忍受，不可舍弃如此智慧。”

佛告言：“的确如此，的确如此。除了信解下劣、精进不足、十分懈

1 《大圣文殊师利菩萨佛刹功德庄严经》云：“如以三千大千世界末为微尘，一尘一劫。若比普见如来寿量劫数，百分千分百千俱胝分，乃至算数譬喻所不能及。”

怠的众生以外，谁会对这样的智慧不生渴求之心？若将十方撒尘与没有撒尘的那些刹土皆碎为微尘，文殊童子将在比上述微尘数目更多的劫中，依旧行持菩萨行。他的宏愿与真实行不可思议，为此，他证得菩提后的寿量与菩萨眷众也不可思议。”

狮子妙力雷音菩萨白佛：“文殊菩萨在这么多劫中也不起厌烦之心真是稀有，所修大行真是稀奇。”

文殊菩萨说：“就像虚空不会分别‘经过了这么多劫’一样，菩萨对任何法也无有行持之想，为此不会厌烦、不生不死等。”

想积大福，随学文殊

世尊告言：“善男子，如来以无碍佛眼照见十方所有佛土，若有菩萨以七宝充满这些世界，于每一尊如来前进行供养，同时安住于所有戒律，对一切众生得平等心，尽未来际进行布施。若有菩萨于此（佛刹功德庄严）法门进行受持等，发心随学文殊童子，为此迈出七步，前者福德不及此百分之一。”

之后，文殊菩萨入定于普现如幻等持，即刻间，令众会菩萨见到十方无量无边世界的一切佛陀。他们发现，每一尊佛面前都有文殊菩萨在展示自己佛土的功德庄严，不禁心想：“这位文殊菩萨顷刻间便显现于众多世界中，愿力、等持、智慧实在绝妙稀有。”由此生起稀奇之想。

何出此言、渊源何在，让人百思不解

《未生怨王除忏经》[1]中记载：

世尊于灵鹫山被眷属围绕安住之时，文殊菩萨在须弥山的阶梯上与二十五位大德在一起，兜率天的四位天子等众眷属来到其前想要听法，文殊菩萨化作如来，依靠讲经等成熟芸芸众生。之后世尊让文殊菩萨前来作表示，文殊菩萨及眷属来到佛前，探讨种种正法之义。

在场有二百位天子昔日行持菩萨行，此时退失了菩提心，他们想：“我们不能修成无上菩提，不如趋入声闻、缘觉的涅槃吧。”

为使他们于无上菩提不退，佛陀在眷属之外幻化出一位施主，手持盛满百味美食的钵盂，供养佛陀享用。文殊菩萨白佛言：“你如果没有将部分美食赐予我享用，就是不报恩。”

舍利子心想：“文殊菩萨昔日如何利益过佛陀，现在竟然以不报恩来质问。”

佛陀洞悉他的心念而告言：“舍利子，如来已知，马上会为你除疑。”说完将钵抛到地下。那个钵立即没过地面，朝下方佛刹中安住的佛前而去，经过恒河沙数刹土之后，到了光明世界——光明王如来的刹土，那个钵停在虚空中。光明王如来的眷属询问钵的由来，光明王如来说：“这是上方娑婆世界释迦牟尼如来为调化菩萨所抛。”

1 《未生怨王除忏经》：汉文大藏经中为《佛说阿阇世王经（卷一）》。

寻找钵盂，众大声闻无能为力

随后，世尊对舍利子说："你去寻找那个钵盂。"舍利子入于一万等持，凭借自己的智慧力和佛陀的威神力去了一万个佛土，也没有发现，于是又返回佛陀面前。

同样，目犍连、须菩提及五百位左右大声闻依靠神变和天眼去找，也没有发现那个钵。

须菩提对弥勒菩萨说："请您去找那个钵盂。"弥勒菩萨说："我虽是如来授记的一生即得无上菩提的最后有者，可是也不知那一等持的名字，而文殊能够出入那一等持。等我获证菩提时，如文殊一样的菩萨也有不知我走路抬脚、落脚的时候，（如今我不如他，）[1] 因此不如祈求文殊，他能取回钵盂。"

须菩提祈请文殊菩萨去取那个钵，世尊也开许如是而行。

生在娑婆，更占优势

于是，文殊菩萨入定于普行等持，于坐垫上如如不动。众眷属清楚地看见他伸展右手，穿越下方的所有佛土，用那只手作礼一切佛陀，并伴随着问安的声音。其手上一一毛孔放射出百千俱胝光芒，一一光端有（百千俱

1 《佛说阿阇世王经》云："我作佛时如恒边沙等悉为文殊师利，复不能知我行步举足下足之事，如今者实不逮及，不如报文殊师利而行求之。"

胝）莲花，一一莲花的花台中安坐着佛身，同声赞叹释迦牟尼如来。其所经过的佛刹出现六种震动，遍大光明，这些刹土皆由伞、幢、幡所庄严。此后，文殊菩萨的那只右手，越过七十二恒河沙数的佛土，到了光明王佛的光明刹土问安，显示光芒神变，承侍光明王佛。

光吉祥菩萨问："这是谁的手具如此神变、令人见而生喜？"光明王佛讲述了它来自上方娑婆世界的始末。结果，那个刹土的所有菩萨都祈求见到娑婆世界释迦牟尼如来和文殊菩萨。

于是，光明王佛的白毫处放光，所触及的有情，以根基不同而分别获得转轮王的安乐、诸瑜伽行者的果位、菩萨的日灯等持，那个刹土的一切有情均得见此娑婆世界。

目睹此世界后，光吉祥菩萨一边流泪一边说："如同无价之宝掉入淤泥中一般，释迦牟尼佛和那些大菩萨竟安住于（如此污秽的）娑婆世界。"

光明王佛告言："不要说这种话。在我这个刹土中十劫坐禅修禅，也比不上在娑婆世界一上午修慈心的福德多。在那里护持正法的大菩萨，将清净一切业障、烦恼。"

光明王佛放出的光芒，被娑婆世界一切有情见到后，（询问世尊此光从何而来，）世尊讲述了它的由来。之后，为使这个刹土的一切有情见到光明刹土，世尊示现神变放出光芒，其光所接触的菩萨均获得山王灯等持，居此世界者皆目睹了下方的光明佛土。

文殊菩萨用右手从光明刹土取回钵盂，由（下方）数百千俱胝那由他菩萨所围绕，回到上方的（娑婆）世界，那只手的光芒也在光明刹土中隐没。文殊菩萨在释迦佛面前，把钵盂置于空中，顶礼佛足，请佛接受钵盂。之后，随文殊菩萨右手一同前来的那些菩萨也顶礼世尊，问候请安后，安坐于各自垫上。

世尊揭开谜底

世尊告诉舍利子往世的经过："过去久远无量百千俱胝那由他劫以前，有世界名为不毁，无敌幢如来出世，从三乘入手讲经说法。在那里，一位名叫智幢的说法比丘，身著法衣，去广博王宫化缘，之后带着百味珍馐出现。当时有商主之子名为无垢军，在父母怀中看见那位比丘，便从母亲怀里跑到比丘跟前索要食物，那位比丘也给了他许多，他搅拌食物后跟在比丘后面，来到无敌幢如来面前。

那位比丘将斋饭送给那童子，让他供给佛享用。童子以食物盛满如来的钵盂但仍有剩余，之后以此供养了八万声闻与一万二千菩萨，在七天之中圆满供养佛陀及眷属，然而食物还没有用尽。童子异常欢喜，口说偈颂。当时，那位比丘教导童子皈依三宝，为他传戒，并让他发露罪业、随喜、祈祷、发无上菩提心。童子的父母为了寻找孩子也来到无敌幢如来面前，他们和许多众生都发起无上菩提心，并且出家。

当时的智幢说法比丘就是文殊菩萨，商主之子无垢军就是现在的释迦牟尼我。文殊菩萨就是这样给我斋饭，让我发菩提心的，是他令我最初发起了菩提心。以此世为例，如来我的殊胜十力、四无畏等一切法，都来自于文殊菩萨教令发心。如我一样，在十方号称释迦牟尼的无量佛陀，以及德夏佛、尊胜佛、具髻佛、燃灯佛，都是由文殊菩萨安置于菩提而现今转法轮的，这些如来的名号在一劫或多劫中也说之不尽，更何况其行持菩萨道、住于兜率天乃至安坐菩提树之间极其众多的情形了。为此，文殊菩萨是一切菩萨的怙主，是生源、是悲源、是行源。”

所有菩萨异口同声真实赞叹文殊。

其中有二百位天子心想：“诸法随行于因，依赖于缘，以希求为本，以发愿引领，既然释迦佛也是由他人劝令行持而有所成，那在如来住世之际，我等不该发低劣心。”于是以殊胜增上意乐发起无上菩提心。

文殊菩萨通过示现妙手得钵的神变，使这个刹土乃至下方不可胜数的众生皆发菩提心。十方无量诸佛，为行供养文殊菩萨之事，及承侍正法，将珍宝伞授予菩萨众覆盖整个世界，伞中传出“依释迦佛所说，我等也由文殊安置于菩提”的音声。

弥天大罪也能清净

此后，阿阇世王率众来到世尊面前请求道："我造了杀父的无间罪，请赐我从中解脱、遣除懊悔和怀疑的方便法。"

世尊心想："这个阿阇世王，享受贪爱，对深法有信心，除文殊师利外，谁也不能彻底消除他的怀疑。"

正当佛陀这般意念，依靠佛陀的威德力，舍利子对阿阇世王说："明天你对文殊菩萨供斋吧，他能消除你的疑惑等，并将利益许多众生。"

阿阇世王便如是迎请。世尊也告诉文殊菩萨："你可去阿阇世王处应供，在那里将利益彼等芸芸众生。"

之后，文殊菩萨在晚上初座时，刹那间越过东方八十百千佛土，到了恒传声世界宣称吉祥如来面前顶礼，启禀道："请命这个刹土的诸大菩萨去娑婆世界，赴阿阇世王之宴。"

如来对眷属中的诸位菩萨说："你们与文殊菩萨一道去娑婆世界吧。"于是，当场的八万二千菩萨与文殊菩萨一同来到娑婆世界。文殊菩萨为他们宣讲陀罗尼法门，结果其中五百菩萨获得陀罗尼。中座时，又为那五百菩萨详细传讲菩萨藏的法门。末座时，对那些菩萨广讲入不退转轮金刚句的意义，有些菩萨由此得到光明花三摩地。

随后，阿阇世王派来使者，应请文殊菩萨中午赴宴。

大迦叶尊者与五百比丘一起来到文殊菩萨前。文殊菩萨问迦叶："这么早你去哪里？"

迦叶尊者说："我要去化缘。"

文殊菩萨说："大迦叶及众眷属随我一道去应供吧。"

迦叶尊者说："我为求法，不为求食，即便没有吃到饭，也会跟随你。为什么？因为在别人面前，听不到你那样的传法。"

文殊菩萨入定于幻化一切神变的等持中，顿时娑婆世界地平如掌，整个大千世界遍布光明，中断所有恶趣和烦恼相续，一切众生安住慈心，大地出现六种震动，发出铙钹妙音，花雨纷飞，诸天人勤行供养之事，诸龙族使一切道路平整，并以无量供品庄严，实在是稀有罕见。

其后，文殊菩萨由八万二千菩萨及五百左右大声闻围绕，来到阿阇世王的王宫。先前文殊菩萨对国王说大约有五百眷属（前去应供），所以他只准备了五百人的饮食，见此心想不妙。

毗沙门等对国王说："大王不必忧愁，文殊菩萨智慧、神变的加持极大，只要他愿意，仅以一抟食物也能使大千世界的一切有情吃饱，更何况这么几位眷属了？他的布施方便无穷无尽。"

听到此话，阿阇世王心花怒放。

随后，文殊菩萨对眷属中的普照菩萨等说："请入座。"他们依靠神变而各自在陈设的坐垫上就座。阿阇世王与眷属忙于预备供养之事，梵天、帝释等诸多天人和龙族也恭敬承侍文殊菩萨及其眷属。

阿阇世王想："这些菩萨没带钵盂，怎么用斋？"正当这时，所有钵盂从菩萨们自己的刹土纷纷飞来，在无热恼海以八功德水洗净后住于莲花上，八千龙女擎持钵盂献给那些菩萨。

之后，国王开始供斋，饭食一直取之不尽，他感到惊奇不已，遂请教文殊菩萨。文殊菩萨说："这像你那懊悔一样没有造作。"

众菩萨眷属用餐后，将钵盂一抛，那些钵盂竟然停住于虚空中。

国王问文殊菩萨："这些钵盂依何而住？"

文殊对他说："你的恶行依何而住，它就依何而住。它虽然无所住，但在不坠落的同时，不著不住一切法，也不堕于何者。"

随即，国王坐在文殊菩萨面前请求："我要遣除懊悔。"

文殊菩萨说："你那个懊悔，纵是恒河沙数佛陀也无法遣除。"

阿阇世王以为自己无依无怙而栽倒在地。

大迦叶尊者连忙说："大王不必惊惶，文殊菩萨这样讲是有善巧密意的，你要问他密意何在。"

国王再度站起，请教所说的意义。

文殊菩萨讲道："佛陀出有坏（了知诸法）无生如虚空，无法被染污，所遣（懊悔）也无有自性，所以，我说连佛陀也无法遣除。"[1]

依此，阿阇世王生起随同空性的法忍而遣除了懊悔。

不显现并不一定不存在

阿阇世王献上价值连城的布匹准备供养文殊菩萨，此时文殊菩萨杳无踪影，空中传出"如上比喻，当观懊悔与诸法，请供养所见之身"的声音。阿阇世王（见不到文殊菩萨，）见文殊菩萨的坐处有智吉祥幢等菩萨及阿罗汉大迦叶，（于是向他们供养，）可是他们各自宣讲无所受之法，身体全然不见。之后（他去一一供养五百比丘，）五百比丘也隐身不见。（诸菩萨与比丘僧都不见了，）国王只好把布送给王后，结果她也不见了，与此同时，所有女子和侍者均消失于视野中。国王现前如是等持之后，除了自己的身体以外，一无所见，只听到"请供养所见之身"的声音。最终国王把布披在自己身上，他的身体也顿然不现，传出"远离一切色想。大王，诸

1 《佛说阿阇世王经》云："文殊师利言：佛知诸法一切悉若虚空。所以者何脱于本故。亦不见诸法有本若有脱者，以故我言。若王之狐疑。非恒边沙等佛之所能说。"

色一无所见，如是当观罪业，如何见罪业？如是当观诸法……”的音声。至此，阿阇世王安住于远离一切想行分别念之等持。他刚从中起定，之前所见的自身等一切，即刻恢复如初。

随即他请教文殊菩萨：“先前没有看见这里的眷属，他们去了何处？”

文殊菩萨说：“去了你懊悔所去的地方……”依此，国王获得了随同法忍。三万二千女子因目睹文殊菩萨的神变而发起无上菩提心，其中五百人获得清净法眼。

成千上万的百姓为了供养文殊菩萨，纷纷从王舍城各处集到王宫门前。文殊菩萨以脚的大拇趾压地，整个宫墙和大地变成琉璃，（王宫内外一切众生）得以亲见文殊菩萨及其眷属的尊颜，都发起菩提心。

文殊菩萨为大众开示了获得清净法眼的法门，之后便离开阿阇世王的王宫。

再现神变令重罪之人得果

返回的途中，文殊菩萨遇到一人，他因杀了母亲正在树下忧伤，口里说着：“我造了堕地狱的罪业。”

他是文殊菩萨的所化对境，菩萨为了度化他，便化现出一个人，那人与父母同行，关于走哪条路，他们观点不一，发生冲突，结果那人杀了父母。接着，幻化之人来到杀母之人面前，杀母之人心想："我与此人同病相怜，所以他去何处，我也去何处。"

幻化之人一边失声痛哭一边说："我要到释迦佛面前，他是无怙者的依怙。"说完就走，杀母之人也随他而去。

幻化之人来到佛前，呈禀佛说："我杀了父母，祈求救护，我该如何而行？"

佛陀告言："你能如此坦诚，（不覆藏所作之罪，）[1]善哉。"遂令其观杀生之心了不可得，由此幻化之人获得证悟并出家，之后飞于上方虚空而趋入涅槃。

见到此景，杀母之人不禁暗想："此人杀了父母双亲，竟然也能证得涅槃，而我只是杀了母亲，为什么不能证得涅槃？"

于是他在佛前顶礼，呈禀说："我杀了母亲。"

佛陀如前一样教诲。随后，那人全身毛孔中出现众生地狱之火，烈焰焚身，痛不可言。无依无怙的他马上祈祷，大呼："皈依佛！"佛以金色妙手放在那人头顶，即刻他的一切苦受就此中断，获得安乐。由此，他对

1 《佛说阿阇世王经》云："佛言：善哉善哉。所语至诚无有异。所说如言。见怛萨阿竭说所作罪而不覆藏。"

佛陀心生恭敬，祈求出家。佛陀予以开许，为他宣说四谛法门，他当下获得见谛，通过修道，证得阿罗汉果。他呈禀："世尊，我要趋入涅槃。"随即腾空而起（入于涅槃），身上出火焚烧了身体，成百上千的天人前来顶礼。

阿阇世王得佛授记

舍利子见佛陀这般调化此人，倍感稀有，说："如此调伏造无间罪者，真是奇妙。能了知一切有情种种根基的，只有佛陀出有坏、文殊菩萨及其余披上与之相同盔甲的诸大菩萨，除此之外，这不是任何人的境界，也不是声闻、缘觉的境界。"

佛陀告言："的确如此。舍利子，这位文殊菩萨曾于无垢劫妙臂如来的教法中，就让阿阇世王发过圆满菩提心。早在无垢劫，有三俱胝佛陀出世，他们全部是文殊师利祈请转妙法轮、长久住世的。

这个阿阇世王，如今余业仅剩芥子许，后转生为三十三天的天子；再降生于赡部洲；死后如布达热嘎般堕入众生地狱，身体没有苦受而解脱；继而越过上方四千佛土，往生到庄严世界宝蕴如来前，刚生于那里，便再度面见文殊菩萨，也得以听闻甚深法而获得无生法忍；到弥勒成佛之时，他成为不动菩萨，又亲见文殊菩萨，并给大众讲述过去（杀父忏罪）的这些经历；此后，在八万阿僧祇劫中成熟有情，修行刹土，他所成熟的众生将无有业障和烦恼障，智慧明利，无悔无疑。这位阿阇世王，将于八万劫后的见喜劫成佛，世界名无秽，佛号极清净境如来。在他的刹土，众生至死也无有懊悔，死后不会堕入恶趣。”

之后，从他方刹土随文殊菩萨来此世界的菩萨们呈禀：“世尊，如来明鉴，文殊菩萨所安住的地方，犹如佛陀住世一样，世尊无需垂念。为什么？因为文殊（与佛无异），他所成熟的一切有情，不会有恶趣、无暇、魔业和烦恼的恐惧。”

世尊告言：“善男子，正如你们所说，的确如此。”

来自十方的诸位菩萨，以遍满世界的鲜花抛向如来和文殊菩萨，祈愿道：“愿大能仁的正法明灯长燃不绝。世尊，我们用血肉尚且不能报答文殊师利之恩，更不用说其余供养了……”说完转绕世尊三次，再次供养文殊菩萨后，各自返回自己的佛土，并以此法门令无量有情对圆满菩提生起定解。

《般若七百颂》中说，有人问佛：“世尊，文殊菩萨有不可思议的功德，何以故？他的辩才不可思议。”佛陀赞言：“的确如是。”

《宝箧经》中记载，舍利子对文殊菩萨说：“善男子，譬如，微小金刚也能摧毁诸大山岩。善男子，如是你一毛孔中所有智慧，（也能摧毁众生如山王般邪见，）极微尘数如我一样的人也不具有……”

对大阿罗汉直言不讳，一点不留情面

《无热恼龙王请问经》[1] 中记载：

无热恼龙王迎请世尊在龙宫传法时，无热恼大海出现大如车轮的珍宝莲花，异常芬芳，有百千花瓣，珍宝璎珞掩映，其中有一朵珍宝莲花格外绚丽，令人见而生喜，最为耀眼夺目。

阿难见后问世尊：“这是谁要来的预兆？”世尊告诉他稍等片刻，待会就知道。

没过多久，从下方过六十恒河沙数刹土的宝顶佛刹土——宝严世界，六万菩萨围绕着文殊童子，为了听闻《无热恼龙王清净道法门品》前来，升于那些珍宝莲花上跏趺坐（，文殊童子坐在最大的莲花上）[2]。

所有眷属甚感稀奇，顶礼那些菩萨。

文殊童子腾空而起，梵天、帝释等从上方为其持撑珍宝伞并作礼。此时，文殊童子与那些菩萨一同飞到七棵娑罗树高的空中，为供养世尊撒下

1 《无热恼龙王请问经》所摘内容，在汉文大藏经为《佛说弘道广显三昧经（卷三）》。
2 《佛说弘道广显三昧经》云：“忽从下方乃于宝英如来佛土宝饰世界。六万菩萨与濡首俱忽然踊出。迁能仁界升于无热大池之中。各现妙大莲花座上。濡首童子即就莲花高广显座。”

前所未见、前所未闻的花雨，花中传出宝顶佛向释迦佛请安的音声。之后，他们又降下来向世尊顶礼，落座于各自的莲花上。

迦叶尊者请问世尊：“宝顶如来的刹土位于何处？”

文殊童子说：“如果你依靠圆满的神变力飞往那个世界，纵然穷尽寿命而入于涅槃，也抵达不了。”

随后，迦叶尊者与文殊童子就心解脱的问题进行探讨。

迦叶尊者说：“文殊，请施展你的辩才吧。”

文殊童子说：“你没有与我对答的能力。”

这时，慧积菩萨对文殊童子说：“为何把迦叶尊者想得、说得如此逊色？”

文殊童子答：“因为他是声闻，并非无所畏惧。”

迦叶问：“对于三解脱，（明明超越分别念，）为何说成相似想？”

文殊童子说：“这是如来的善巧方便，对于无量三解脱门，以相似想而饶益众生。”

其后，无热恼龙王与文殊童子同声说：“色等诸法观如来，肉眼等虽然不见如来，不等平等无为性，以无分别入寂灭义而观如来。”在场的诸大菩萨都交口称赞。

供佛不该有满足

《宣说文殊经》[1]中记载：

世尊住在祇陀园期间，由声闻、菩萨眷众所围绕，文殊童子手撑十由旬左右的宝伞覆于世尊头顶。

界贤天子说：“文殊，你供养世尊仍是心不厌足吗？”

文殊童子回答：“天子，如同大海不厌众流一般，作为渴求如深不可测之大海般遍知智慧的大菩萨，渴望供养如来永远不该有满足。”

天子问：“文殊，应当缘于什么而供养如来？”

文殊童子讲道：“天子，以四种所缘供养如来：缘于菩萨心；缘于为度一切众生究竟解脱；缘于不断三宝传承；缘于清净诸佛土。应依靠这四种所缘供养如来。”

众眷属均欣然随喜。

智慧第一者尚且不知，一般人无法想象也很正常

《大乘四法经》中也阐述了相似的道理[2]。经中记载：

---

1 《宣说文殊经》所摘内容，在汉文大藏经为《大乘四法经（卷一）》。

2 《大乘四法经》云：“文殊师利言：……菩萨摩诃萨应发四种增上意乐心。云何为四。谓摄一切众生心。成熟一切众生心。集一切善根心。觉悟一切佛法心。是为四。”

文殊童子宣说修行四法的法门时，吉祥贤天子满怀愉悦之情随喜，为了供养文殊菩萨，他及眷属抛撒曼陀罗等天花。依靠佛陀的威神力，即刻间，所散之花上升虚空，微妙香洁、大如车轮，令人见而生喜，莲花中央出现了诸菩萨，具足三十二妙相。

此时，世尊面带微笑，尊容放出五彩缤纷之光普照世界，光又再度隐没于佛身。

吉祥贤菩萨询问其中原因。世尊告言："虚空中狮子座莲花上安坐的诸菩萨，来自十方，今聚一堂，他们均蒙文殊童子度化而得以成熟，今日仍来此闻法。他们皆为一生补处，将于十方刹土各自成佛。"

舍利子呈禀佛陀："世尊，我能于一刹那数尽三千大千世界一切星辰，可是无法用百年时间数清这些菩萨的数目。"

世尊告言："舍利子，假使极微尘遍满赡部洲，其数尚可了知，而此菩萨之数却无法彻底知晓。"

舍利子问："哪里有那么多的刹土能容纳这些菩萨成佛？"

佛陀宣讲了无佛住世的刹土有无量无边，如来皆能一一照见的情形及比喻。众眷属都说："我等皆得善利，能值遇如此之师，具有照见一切的大智慧。"

随后，吉祥贤天子对文殊童子说："尊者，您所做的事业，令无量有情成熟菩提，实在善妙。无论您住于何处、于何处行持此法门，当视为佛陀在彼处出世、转妙法轮。"

世尊赞叹："的确如此。"

独具的讲法风格，众人皆爱

《佛说世俗胜义谛经》[1] 中记载：

佛陀在王舍城灵鹫山时，由声闻、菩萨及诸天人围绕而说法。寂静调柔自在天子请问佛陀："世尊，文殊童子令人见而生喜，我与众多眷属极其渴望听这位大士说法。"

佛陀告言："他在由此刹土向东方越过一万八千佛土的具宝世界宝顶如来前。"

天子呈禀："世尊，愿祈请文殊童子来此。为什么呢？在诸位声闻、缘觉及有缘的菩萨面前，听不到像文殊童子那样的传法，除如来以外，谁也不能这般讲法。如来或文殊童子讲法时，一切魔宫隐蔽不现，一切恶魔无机可乘，一切外道被完全折服，一切攀缘者变成无攀缘者，妙法得以长久住世，如来也随喜受持。"

1 《佛说世俗胜义谛经》所摘内容，在汉文大藏经为《寂调音所问经（卷一）》。

佛陀深知天子祈求，由面部的眉间白毫放出光芒，照亮这个世界，遍及具宝世界，召请文殊童子。

文殊童子与一万菩萨一起，在壮士屈伸手臂的顷刻间，便到了佛陀面前，但又忽然隐身不现，从空中撒降花雨，遍覆这个大千世界，高没过膝。众眷属甚感稀有，询问佛这是什么原因。

佛说："是文殊童子等那些菩萨的威力所致。"

眷属们希望见到文殊童子和那些菩萨。文殊童子及眷属遂从天而降，向世尊顶礼，各自落座。世尊开许天子可随意提问。对于天子的提问，文殊童子宣说了胜义无生、不可言说的自性，不可胜数的大菩萨获得了无生法忍，无量众生获得了利益。

与文殊童子一同前来的那些菩萨，说准备返回自己的刹土。文殊童子加持这个世界变成宝顶如来的具宝世界，一切大众所见无增无减。所有菩萨以为已回到自己的刹土，当他们入定于等持中才发现，仍在这个娑婆世界纹丝未动，于是赞叹文殊童子的加持并发愿。

之后，文殊童子坐在垫上，同时入定于等持中，头顶发出遣除一切有情所缘与无知的光芒，照耀十方浩瀚佛国，令他们以不听的方式听到释迦佛"讲法依二谛"，为了供养十方无边刹土的一切佛菩萨，撒降具足天花和涂香等一切之最的无上大乐圆满妙雨供云，周遍一切。他们从等持中起定，以不缘的方式转绕释迦佛千万匝，之后由此娑婆世界返回。

对于赞叹，以何应对

《诸法无生经》[1] 中记载：

世尊与文殊童子宣说“诸法无生故一切平等性”的意义，金刚句、种子句[2]、橛句时，数以万计的天子从空中向如来和文殊菩萨抛撒青莲花等天物，顶礼膜拜，并说道：“世尊，这是无贪的殊妙，那是文殊；世尊，这是不住的殊妙，那是文殊；世尊，这是无实的殊妙，那是文殊；世尊，这是无恼的殊妙，那是文殊；世尊，这是真如的殊妙，那是文殊；世尊，这是无误的真如，那是文殊；世尊，这是法界的殊妙，那是文殊；世尊，这是真实际的吉祥，那是文殊；世尊，这是微妙的殊妙，那是文殊；世尊，这是殊胜的殊妙，那是文殊；世尊，这是超绝的殊妙，那是文殊；世尊，这是无上的殊妙，那是文殊。”

文殊童子对他们说：“诸位天子，请不要分别，我真实不见任何法‘微妙’‘殊胜’‘超绝’。诸位天子，我是贪欲的殊妙，为此我叫文殊；我是嗔恨、愚痴的殊妙，为此我叫文殊；我不超越贪欲等，凡夫俗子才要超离、超越，而诸菩萨对任何法无所迁移或去往或超离，一切法如幻，无所超离……”

依此，数以万计的天子获得了无生法忍。

---

1 《诸法无生经》所摘内容，在汉文大藏经为《诸法无行经（卷一）》。

2 藏文版本中是萨损句，可能是错别字，是否应为种子句，请观察。

女子中也有菩萨化现

《无垢光天女请问经》中记载：

未来世在龟兹，有比丘皎月出世，能使野蛮人从轮回中解脱，他就是文殊菩萨行持先佛之父的所为。这位文殊菩萨在未来世，也将继承未来贤劫诸佛的法脉。一旦世尊涅槃，文殊菩萨会转生为行法的卓内够札婆罗门，当诸位国王相互发起战争时，此婆罗门拿着许多瓶子装满舍利。

有朝一日，龟兹境内基本上不会出现菩萨，佛塔和佛像、僧众的经堂也不复存在，那时文殊菩萨会在那个城市变成种族高贵的女子。文殊菩萨的行为如何？是随心所欲转变一切的形象，涉及菩萨相以及国王、王后、比丘、婆罗门等凡属于欲界的一切众生相，如同乐师精通乐器而示现各种各样的形象。在具有贪心的众生面前，文殊菩萨会示现更大的贪心。

如果问："为什么文殊菩萨会示现女身？"

女人具有严重的贪心、极爱议论、十分吝啬，因此，文殊菩萨特意现为女人。女人也有行持菩提行的，为此而这般示现。他投生为女子，有令女人获得大悲的时候，也有警戒所有女子通晓轮回过患、远离男人的情形。

《优婆离请问经》中记载：

文殊童子对优婆离说："优婆离，一切法极其调柔，为调伏自心而宣说极其调柔。一切法非染污，我不可得之故宣说调伏恶作……"

优婆离请示世尊："世尊，文殊童子唯独从一切不可思议着手而说法。"

世尊告言："优婆离，文殊童子说法，是解脱的同类因，因为不依于不可思议则无有解脱。所以，文殊童子以远离一切分别念，对内心无有信解的增上慢者说法。"

为听妙法应该在所不惜

《不退转轮经》[1] 中记载：

天亮前，舍利子步入文殊童子的住舍。文殊童子跏趺而坐，带着舍利子连同住舍，越过东方恒河沙数世界，到了不退转世界，在光覆莲花身如来前听受了不退转法轮。又以同样的方式，向其余九方越过恒河沙数世界听法。这样听法之后，天还没亮就回到了娑婆世界。

此时，阿难见祇陀园（房舍园林隐没不现），遍地都是澄清的水，水中有莲花，放出乐音、大光明等，感到惊奇，顶礼世尊请问缘由。

1 《不退转轮经》所摘内容，在汉文大藏经为《佛说广博严净不退转轮经（卷一）》。

世尊告言："这是文殊说甚深法的象征。文殊是无畏，此问何以故，此智无垢污，佛智最无上……"

之后在那里，文殊童子平等宣说诸法无生，使成千上万的众生消除疑惑。

世尊告诉阿难："这些众生，往昔文殊童子已使他们成熟菩提。现今于菩提中不退转，也是因为承蒙善知识文殊童子如此摄受的缘故。"

说法之时，文殊童子以神力束缚了恶魔，使之不能对闻法制造违缘。之后收回神力时，魔王波旬前来，在佛前听到了不退转法轮的声音，又听到了释迦佛的名号，结果变得老态龙钟，惊惶失措。

入海度众不可胜数

《妙法莲华经》[1] 中记载：

世尊告诉慧积菩萨："善男子，稍等片刻，待文殊童子菩萨抉择法后，我请他返回我的佛土。"

此时，文殊童子安坐在大如车轮的千瓣莲花上，由众多菩萨所围绕，从大海龙王的龙宫腾越到上空，来到灵鹫山世尊的跟前。他在释迦佛及多宝如来足下顶礼后，与慧积菩萨共相慰问，然后安坐一旁。

1 《妙法莲花经》所摘内容，在汉文大藏经为《妙法莲华经（卷七）》。

慧积菩萨问文殊童子："你前往大海，调伏了多少众生？"

文殊童子答道："这个数目以口无法表达，以心不能测度，稍住片刻自会看见。"

话音刚落，只见数千菩萨坐在莲花上，从海里涌出，现于空中，随后降临在灵鹫山的上空。这些菩萨均由文殊童子化度而得无上菩提。他们对昔日已步入大乘的菩萨赞叹波罗蜜多，对先前作为声闻的佛子宣说声闻乘。他们彻知万法皆空和大乘法，这都是文殊童子通过宣说《妙法莲华经》而调化的。

谁说女子不能成佛

慧积菩萨说："此经甚深微妙，难以证悟。既然诸经无法与之相比，那么，有通达此经就能圆满成佛的众生吗？"

文殊童子说："有，就是八岁龙女。她智慧超群，根基睿利，智慧陀罗尼等持和愿力广大，颜色和悦，色相殊妙，具足慈心，言语悦耳，能得成佛。"

慧积菩萨说："释迦如来为了无上菩提，尚且要累劫精进，乃至无有芥子许的地方菩萨没有舍施过生身性命，依靠这种方式积累众多福德，方得以成佛。谁会相信龙女顷刻间就能成就无上菩提的佛果？"

当时龙女也在现场，她向世尊顶礼后，一边用偈颂赞叹一边呈禀：“我要像您这样成佛。”

舍利子说：“善女人，你虽发起不退转菩提心并拥有无量智慧，但圆满佛果实难获得。即便在多劫之中修持六波罗蜜多，也仍然没有成佛的可能。况且女身还有五种不能获得，哪五种呢？梵天王、帝释、四大天王、转轮王和不退转菩萨。”

龙女有一颗价值堪比整个大千世界的宝珠，以此供养佛陀，佛慈悲纳受。随后，龙女对慧积菩萨和舍利子说：“我供养世尊宝珠，他迅速接受，与此相比，我将以更快的速度成佛。”说完，一切世人和舍利子现量见到：龙女的女根消失，生出男根，成为菩萨，前往南方无垢世界，在七宝树下成佛，具足相好的大丈夫身，光芒遍及十方，为众生讲经说法。娑婆世界的众生目睹了这一切，闻彼如来说法后，一切有情于无上菩提得不退转。

分辨孰轻孰重非常重要

《宝积部 · 弥勒狮吼声》[1]中记载：

大迦叶尊者问佛陀：“世尊，未来末世后五百岁时，什么样的菩萨会诈现威仪？”

---

1 《宝积部 · 弥勒狮吼声》所摘内容，在汉文大藏经《大宝积经（卷八十八）》中有。

佛告言："迦叶，被恶友左右、善法意乐薄弱、为求衣食的菩萨屡有出现，他们只精勤于供养舍利，以鲜花等物供养如来舍利塔。迦叶，我为不具智慧的众生，让他们种下善根，说要供养舍利，但（那些痴人不解佛陀密意，只行持这一行为。）我对诸比丘说要安住寂静调柔的行为，对有信心的婆罗门、施主说要供养舍利塔，但那些痴人却放弃瑜伽、禅修、听受传承、诵经而勤于供养。

迦叶，若有菩萨用遍满三千大千世界大海到梵天世界之间的青油，插入须弥山大的灯芯，做成油灯供养如来，另有菩萨以圆满增上的意乐守持净戒，在亲教师或轨范师前，为受持读诵一个四句偈颂的传承而迈出七步，其福德胜前者无量无边。

迦叶，若有菩萨以遍满三千大千世界的花香、涂香、末香、烧香，为了供养如来，在十万年中昼夜六时进行供养，另有菩萨因害怕愦闹散乱，为利益畏惧三界的一切有情而往寂静处迈出七步，其福德远远胜于前者。

迦叶，于此作何想？不要认为如来是嬉戏或是为了讲说才出此言，你莫如此看。为什么？这是我现量所见之故。"

乳臭未干的童子哪来的这么大劲

迦叶，过去不可胜数、广大无量、不可思议、不可估量阿僧祇劫时，花锦如来出现于世，其寿量八劫，正法住世一劫。

那时，四洲转轮王辐围有一千位王子，之后，他怀里又化生出正法和妙法两位童子。那位国王在八万四千年期间，放弃一切作意，以殊胜的妙衣、神馐等资具承侍如来和比丘僧众。当圆满那天，供养完神馐后，正法和妙法两位童子及四大军队在如来面前顶礼，如是意念启禀："世尊，辐轮国王长期积累这么多善根，有谁的善根能胜过他吗？"两位童子心里祈祷，身体顶礼，即刻大地震动。

花锦如来的侍者难胜请问："大地为何如此震动？"

花锦如来告言："善男子，为何有此一问，若讲这两位童子有何等增上意乐、修行甚深法忍、大悲心，顶礼如来双足是何等殊胜，包括天人在内的世界众生，都会迷惑不解。"

之后，花锦如来命令具有神变的无爱子："你来扶起这两个童子，显示一下自己的神变。"

无爱子一手抱一个童子，想让他们起来，可却无力扶起。随后，他用尽大威力、大神变向上扶，却连他俩的发梢也动摇不了，整个大千世界都已震动，也无法惊动这两个童子分毫。

随后，依靠妙花如来的威神力，无爱子使下方恒河沙数刹土地动山摇，可连这两个童子的发尖也动摇不了。

无爱子问花锦如来：“难道我的神变完全退失了吗？为什么连出生不久、身体娇小、占小小之地的幼童也没办法扶起。”

花锦如来告言：“无爱子，你的神变并没有减退。然而，菩萨的加持不可思议，声闻、缘觉无法动摇、不能思量，即使这个大千世界的一切有情都具有如你一般的神变力，在俱胝劫中显示各种神变，也无法惊动或动摇这两位童子。”

在场的四百二十万众生闻此，发起无上菩提心，并思量：“菩萨尚未获得遍知智慧，这些大声闻都不能令其动摇，具足这样的神变实在稀有，我等也当获得如此加持，愿证无上佛智。”

此时，大众中有一慧贤菩萨，请求花锦如来令两位童子起身。如来弹一响指，其声传满十方恒河数刹土，声音所到之处，所有刹土大地震动、遍布光明。两位童子听到弹指声后，从如来足前站起，此时大千世界的人天铙钹不鼓自鸣，天降花雨。两位童子起身，在如来足下顶礼并转绕，然后双手合掌、目视如来尊容，立于一旁。

花锦如来告诉慧贤菩萨：“这两位童子礼拜我足，心里祈祷，已作如上发问。”

慧贤菩萨为利乐众人，请求如来解说两位童子所问内容。

如来告言：“善男子当知，若有菩萨安住静处，住阿兰若、住极静处，弹指间获得无生法忍，此福德比辐围国王发放布施之福德更大。不说辐围国王的布施，假设三千世界所有众生，每一位均如辐围国王般发放布施，其福德与趋入真正增上意乐之道、如理精进的菩萨仅在弹指间接受、安住于‘诸法皆空、无来无去’的福德相比，百千十万分之一都不及。不说大千世界一切众生的福蕴，假使恒河沙数世界的每一位众生在刹那、须臾、顷刻、弹指间均行持了辐围国王发放布施及尽其所有的有为善法，以这样的数目，所有众生在恒河沙数劫中行持布施和有为善法，与这两位童子以增上清净意乐顶礼佛足的福德相比，百分之一都不及。”

此时，在场的八万四千比丘随喜赞叹这样的智慧和发心。佛陀告言：“在你们没有解脱之前，依此（随喜）善根，将拥有恒河沙数的转轮王位，之后圆满菩提而成佛。”

其后，两位童子依照请教如来的意义而信解空性，住于静处，赞说法布施，依此他们腾越到七棵娑罗树的高处，以偈颂宣说深法，使八万四千众生发无上菩提心，无量有情生起修行种种善根之因。

随后，两位童子从空中降下，宣说发心平等性，使数以万计的菩萨获得无生法忍，辐围国王的千位王子和五千大臣也都发起无上菩提心。

所有人都出家，吃穿咋办

之后，两位童子出家为僧。辐围国王把王位传给大王子，携同其余王子、八万四千女眷、五千大臣及俱胝数众生出家。

大王子登基七天后，独自前往阿兰若，不喜王位，萌生出家之意，在月圆日（十五日）周游四大部洲时，以偈颂表达对出家的向往。结果当时整个四大部洲喜爱在家的众生一个也没有，全部怀着出家之念。花锦如来彻知这一点后，在四洲世界一切城邑村落，化现出佛及比丘僧众，使他们全部出家。这些人都出家之后，土地自然长出稻谷，如意树自然出现人造布的宝衣，一切天人对他们承侍。

两位童子出家后，勇猛精进，在六十三俱胝年间，从来没有昏沉、睡眠，除进餐以外，不曾安坐过，所有行止都发起并思维遍知之心，对此不曾有执著、骄慢。他们修成了遍行等持与金刚处等持，不管在何方都是结跏趺坐，安住于金刚自性中，能听闻十方的十万俱胝那由他佛陀讲经说法，并受持为他人广传。

四洲世界一切众生，若有修学声闻乘的，没有一人是以凡夫身死亡的，众人中即使是懈怠者，命终时也获得不来果而投生净居天；若有修学缘觉乘的，死后于无佛住世的刹土中转生在富裕之家，依靠以往的善根而出家，七天之中获得缘觉果，利益无量无数的众生后趋入涅槃；若有修学菩萨乘的，则成就五通和四梵住，获得不被他夺的辩才和陀罗尼。

当时的辐围国王就是本师释迦佛，大王子是弥勒菩萨，慧贤菩萨是迦叶如来，正法童子就是文殊童子，妙法童子是日藏菩萨。

正确的见解是关键

正法比丘和妙法比丘（即前两位童子），精进修行实义，但不供养世尊舍利塔，也不去朝礼佛塔。于是，数十万天人和初学比丘诽谤说："这两位比丘不供养、不转绕佛舍利塔，因此没有信心、没有恭敬。"

两位比丘说："诸位法友，我们如此已供养如来，舍利塔无心，如何得到供养？"

比丘和天人说："这些舍利塔，是戒蕴等法蕴所摄，因此理当供养。"

两位比丘问："那么，不是应该对现见戒、定、慧、解脱、解脱知见者进行供养，而不是供养舍利塔吗？"

比丘和天人们说："的确如此。"

二位比丘说："诸位法友，戒律等的法相是什么呢？"

天人和比丘们回答："法相是无行。"

两位比丘又问："那么，以有行能供养无行吗？"

比丘和天人回答："不能。"

两位比丘说："诸位法友，如此你们该行于无我并依此做供养。于佛有想，尚不见佛，更何况供养之事？无有是处。此外，想供养如来者，当供养自性。"

比丘和天人们问："想供佛如何当供养自性？"

正法比丘和妙法比丘说："诸位法友，如来言一切有情堪为供养处，如此当供养自性。随学如来之所修学，不该有执著心，当辨别法，辨析后也不该思维何法，何时你们能供养自性，彼时也就供养如来了，你们也成应供了。想供养如来舍利塔者，应当如同如来供养自性而做供养，这具有供养舍利塔的功德，所以要修自性，如此就供养了如来。不生想、相，远离分别我、妄念、常断来去等一切相，不执相，就是供养如来。真如来身，是不生、不行、不二等法相，不可以生等方式而供养。"他们宣说此法，当场的四万二千菩萨获得了无生法忍，八万四千众生得以了知并现见、获得离贪与不来果，以前没有发心的二万三千众生发起无上菩提心。

自此以后，比丘与天人们精进修行利己之自性义，琐事鲜少，不再勤于供养佛塔等。为什么呢？因为他们已真正趋入了无上甚深法。

世尊告言："迦叶，正士当修学如是甚深法忍与善巧方便。"

我真的不知道

《菩提藏十万庄严陀罗尼经》[1]中记载：

文殊菩萨手拿一个钵盂，将世尊所说的一切法界摄于钵中，供养佛陀。佛陀伸出金色妙手接受，抛于前方空中，那个钵盂变成充满虚空界的如来身，盈盈遍满整个大千世界，他们对释迦世尊赞言“善哉”。在这一一佛前，都有释迦佛及眷属众，一一释迦佛前，都有文殊菩萨以钵盛法界供养，现大神变。

金刚手大菩萨问文殊菩萨：“文殊，完全摄集并散射一切如来的稀有大神变，究竟是为谁所现？此中因缘是什么？为什么显现放射光明？”

文殊菩萨说：“金刚手，你难道不知晓光明和神变的因缘吗？”

金刚手菩萨说：“文殊，我真的不知道。摄集、散射一切如来这样的大神变，我以前见所未见、闻所未闻，今天对我来说是第一次。”接着，金刚手菩萨旋转摇动金刚杵，转绕世尊三匝后，请教佛陀将要宣说何法，以至于出现这见所未见、闻所未闻的稀有奇妙神变。

世尊告言：“金刚手，稍等片刻，待会即可明了。”

---

1 《菩提藏十万庄严陀罗尼经》所摘内容，在汉文大藏经《菩提场庄严陀罗尼经（卷一）》中有。

奇妙无比的陀罗尼

刹那间，佛前出现一座七宝所成，高七千由旬、阔五千由旬的佛塔，众天人从空中对此供养、作礼。随之，世尊命金刚手打开佛塔之门。金刚手伸出右手开启塔门，只见里面有赡部捺陀金所成的法座，七宝庄严、天物覆盖，在其垫上，出有坏应供正等觉圆满金面第一勇光幢顶如来正在入定。

这位如来对释迦佛说："你这种神变实在奇妙无比，射收一切如来，于胜义中诸法本无合无离的同时，在这世上显示如此这般奇妙的神变，先佛都不曾有过。现在，祈请您宣说分别王菩提十万庄严陀罗尼。"

世尊宣说了此陀罗尼。

密主金刚手请问世尊这一陀罗尼的功德。

世尊说："你问文殊吧。"

他依佛言请教文殊菩萨，文殊菩萨宣说了其功德。听到这些法语的与会眷属，无余不退转于无上菩提，有些获得了无上菩提授记。

只是清清嗓子就让人无法堪忍

《佛说圣宝箧经》[1] 中记载：

---

1 《佛说圣宝箧经》所摘内容，在汉文大藏经《佛说文殊师利现宝藏经（卷一）》中有。

舍利子说："我想在文殊菩萨前听法却不愿意讲，为什么？我见过这位文殊菩萨以前在许多佛陀前说法，令大声闻都哑口无言。越过东方数百千佛土，有一世界叫澄清，光明顶如来现今住世，他的大声闻弟子慧灯被赞为智慧第一。我与文殊菩萨一起到了那个刹土，数百千菩萨和天子都跟随在文殊菩萨的身后。后来文殊菩萨住于光明天清嗓子，声音传遍所有大千世界，连一切魔境也出现菩萨的庄严声音。慧灯大声闻无法忍受那声音的威力，闷绝倒地，惊恐不已，万分惊奇地请问光明顶如来：'这声音是谁发出的？'

如来说：'是文殊童子的威力。'

文殊菩萨前来向如来顶礼，说法后，与慧灯大声闻讨论法义。云集当场的天子们以各种鲜花撒向文殊菩萨，说：'得见文殊童子，就是现见如来；文殊所住之处，即为佛塔；已了知、将了知文殊所讲正法的众生，将受持一切福德。'

尔后，文殊菩萨对慧灯大声闻说：'既然你被誉为智慧第一，那么请问，此智慧是有为法还是无为法？'慧灯无言以对。

依光明顶如来开许，文殊菩萨为其眷属宣讲远离一切的法门，结果八百菩萨获得了无生法忍。

所以，任何声闻、缘觉都无法超越文殊菩萨的辩才，对此无能为力，我等实在不能与文殊相提并论。"

这么大的差距原因何在

具寿须菩提问："舍利子，你见文殊菩萨往来游诸佛土时，是如何大显神变的？"

舍利子讲述："我和文殊菩萨一起共游佛土时，有佛土（若起火，自然）遍布充满莲花的水，（文殊菩萨踩在火上，）[1]火变得触而柔软，犹如蛇心旃檀涂身，或似嘎匝乐德妙衣一般，虚空中充满了于梵天无量宫中入定的菩萨。此佛土显现从形成到毁坏，恶趣充满的远离恶趣，菩萨以觉支而生之慈普救众生，什么是觉支而生之慈呢？一切众生为贪欲等烦恼所逼，菩萨入定为之说法，断除彼等烦恼。

当时我心想，文殊菩萨和我的神变等同。文殊菩萨知晓我这一心念，见此大千世界熊熊烈火，文殊菩萨坐在世界中央说：'是依靠舍利子你还是我的神变力越过呢？'我说：'依靠我的神变力越过。'于是，我依靠神变力示现最快的幻变，熄灭了周围一寻左右的火，与文殊菩萨一起在七天中越过此大千世界。

然后到了另一个大千世界，其刹土也在燃火，火势比之前更广。坐在烈火中，文殊菩萨问：'舍利子，这次依靠谁的神变力越过？'

---

1 《佛说文殊师利现宝藏经》云："舍利弗答须菩提曰。我忆念昔者曾与文殊师利共游诸国。有佛土火起而烧刹。便有自然莲华遍布具足。文殊师利蹈上而行。或有满火其火柔软。譬如细靡之衣好食美味香。如栴檀涂身及衣卧具。"

我说：‘依靠你的威神力越过。’于是文殊菩萨在一念之顷，就使那个世界遍布莲花，立即越过了。

文殊菩萨问：‘以我们俩的神力，谁的速度更胜一筹呢？’

我说：‘就像盲鸟跟鸟王比飞翔速度一样，你的神力速度远胜于我。所有声闻没有断绝习气结生，不能与菩萨相提并论。可是之前，我竟认为自己的神变跟你一样。’

原来前世也是不同

文殊菩萨讲述：‘往昔，在大海边，住着（两位仙人，分别是）获得五通的仙人欲法、依靠明咒威力飞行虚空的仙人普施。普施认为他们二人神变等同。一次，普施飞度大海到了罗刹洲，听到罗刹女悦耳的声音，见到她们的容色，堕落在地，失去了明咒力。欲法怀着悲心，抱他回到自处。当时，我就是欲法，你就是普施。那时我们本不等同，你也认为一样。’”

他在直指心性啊

舍利子又讲：“我和文殊菩萨一同去南方佛刹游历时，越过了数百千俱胝那由他佛土，来到庄严世界宝柱如来的刹土。

文殊菩萨说：‘舍利子尊者，你怎么看我们越过的刹土？’

我说：‘有些遍布火，有些充满水，有些成为虚空，有些富饶圆满，有些正在形成，有些已经毁坏，有些遍满恶趣，有些远离恶趣。’

他问：‘当如何看待这些刹土呢？’

我说：‘遍布火就同样看成是遍布火，充满水……文殊菩萨，你怎么看的？’

文殊菩萨说：‘那一切刹土皆为虚空之土，遍布火或充满水等都非真实，以暂时外缘所致而有生有灭。虚空不是因缘所生，而是自然安住，同样，暂时的烦恼染污了心，但心的自性永远不会被染污。比如，过去坏劫中，恒河沙数的刹土都被烧毁，可虚空却不被所焚，一一众生纵然造了恒河沙数的不善业，心的自性也永远不会受到染污。若有人能入自性清净法界，则无有少许起现，于诸遮障也不作起现想。此无起现之法门，安住于此的菩萨们入于完全清净之自性，永不被罪过遮障。’

如是文殊菩萨的神变，我只讲了亲眼所见的一部分而已。”

出现了“饥荒”

具寿阿难对舍利子说：“我所见的文殊菩萨，也是如此。

世尊住在祇陀园时，舍卫城出现非时浓云，七天七夜降下瓢泼大雨。当时，获得禅定的比丘们以入定度日，没有获得禅定的人在七天中断了饮食，身体憔悴，想见世尊却无力行走。

当时，我替那些比丘请问世尊怎么办。世尊说：‘把这种情形告诉文殊菩萨。’于是我到文殊菩萨面前，他正在为梵天、帝释等世间尊主讲经说法，我给他讲了事情原委。

文殊菩萨说：‘阿难，你去铺设座具，到午饭时敲击犍槌。’我照着他所说的去做。

文殊菩萨入定于灭身等持，以另一个幻化身为帝释等继续传法，与此同时，自己从住所出来，去舍卫城化缘，但我没有看见。

背地使坏，终不得逞

魔王波旬加持整个城市的人，谁也见不到文殊菩萨，谁也不供养斋饭。文殊菩萨知道后，以谛实语说：‘我一个毛孔的功德，由具足福德资粮和智慧资粮所生，纵然恒河沙数世界中遍满魔王，其功德也比不上我一个毛孔。假如我所言真实不虚，愿魔的加持当即消失，并且魔王波旬以自己的形相，去大街小巷和三岔路口等处大声宣扬：请供养文殊斋饭，（供养此人福德最大，）在十万年中用一切舒适资具恭敬承侍大千世界的一切众生，远远比不上供养文殊童子一指尖的功德大。’

文殊菩萨话音刚落，（一切显现如愿而成，）种种斋食互不混杂而盈满钵盂，食物富富有余，足够宴请五百比丘和一万二千菩萨。

这样示现后，文殊菩萨离开舍卫城，在城外把钵放在地上，说：‘波旬，你举着这个钵盂走在前面。’

魔王从地上拿那个钵，可它纹丝不动。

文殊菩萨说：‘魔王，如果你有大威力，就用神变力举起它吧。’

于是魔王施展了所有神变，却无法令钵离地一发梢许。魔王惊奇不已，说：‘只要我愿意，连持轴山都能拿在手里，随意抛接，但为什么竟无法从地上举起一个小小的钵？’

文殊菩萨说：‘你以自己的所有神力，跟大菩萨加注在这个钵里的大神力相比，肯定相差悬殊，所以才无法举起。’

随后，文殊菩萨从地上拿起钵盂说：‘波旬，你带着这个走在前面。’魔王像弟子一样举钵前行。

（魔王的眷属）一万二千他化自在天的天子顶礼文殊菩萨，并问：‘魔王波旬怎么像仆人一样走在前面？’

魔王依靠文殊菩萨的威力回答：‘魔力是愚痴力，菩萨力是智慧力……’

依此，在场的五百天子发起无上菩提心，二百菩萨获得无生法忍。

取之不尽、用之不竭

之后，文殊菩萨和魔王波旬一起将那个钵放在围廊，便离开了。对此，我没有见到也没有听到。

到了午斋的时候，仍不见文殊菩萨从住舍出入，我不禁暗想：‘文殊菩萨没有欺骗比丘僧众吧？’遂以此启禀世尊。

世尊说：‘你难道没有看见附近的圆形围廊里有什么吗？’

我回禀：‘那是一个盛满饮食的钵。’

世尊吩咐：‘击犍槌召集僧众。’

我问：‘一钵饭能管什么用呢？’

世尊告言：‘依靠文殊菩萨加持，假使大千世界的一切有情享用这一钵食物，也不会用尽，他的布施波罗蜜多、福德无穷无尽。’

当我击犍槌时，文殊菩萨也在天子、菩萨的陪同下，从住舍出来并到了圆形围廊。那个钵里的斋食互不混杂，令数量众多的比丘、菩萨饱足，却还没有用完。

他们为啥不吃饭呢

于是，魔王波旬为了给文殊菩萨制造违缘，化现出僧裙不齐、体态粗鄙、钵盂破裂、诸根不全、相貌丑陋、跛蹇秃偻等各种不悦意的四万比丘，持钵来取用饮食，但那些饮食仍没有用完。魔王又加持他们（饭量极大，）每人都吃了摩竭国十藏升的米饭，还没有饱，盛饭的人都感到厌烦了，可就是不能满足他们。

后来，文殊菩萨加持魔化现的那些比丘钵中常满，手里也拿着段食，结果放入口中的段食咽不下去而卡住喉咙，他们翻着白眼倒在地上。

文殊菩萨问魔王：‘波旬，你的这些比丘为什么不吃饭呢？’

魔王说：‘文殊，我的这些比丘要死了，你肯定给了杂有毒的食物。’

文殊菩萨说：‘能散布毒的他们才会给人以毒，无毒之人岂能施予毒？有贪嗔痴罪业是毒，而菩萨相续随顺法品律仪，无此众毒……佛陀的教法是甘露教，是安乐教，是无戏教……’依此，与魔王一起来的五百天子发起无上菩提心及大愿。

此时，世尊告言：‘未来后五百岁，正法毁灭之际，大多数比丘都会像这些人一样，衣装不整，无有正知，威仪恶劣，体态丑陋，罹患众病，出家不是为了正法，而是为了利养恭敬，并忙碌各种琐事。到那时，将出现魔王欢喜、魔业兴起之相。因此，精进正法者要制伏恶魔，受持妙法。’三万二千菩萨依此获得无生法忍。”

开除没有成功

大迦叶尊者说："我也亲见过文殊菩萨的一些神变：

世尊成佛后不久，我也出家没过多久，文殊菩萨为了顶礼、承侍、拜见世尊，从宝柱如来的佛刹来到这个世界。世尊在祇陀园给孤独精舍结夏安居，文殊菩萨也发誓安居夏三月。可是，我们从来没见过他在佛陀面前和僧众中作长净羯磨。

三个月过去了，在长净和解制之际，他才出现。我问：'文殊菩萨，你在夏天这三个月住于何处？'

文殊菩萨说：'我在舍卫城波斯匿王的王妃那里。'

我心想："这样犯了堕罪的人，不可以和清净僧众一起作解制。"于是从围廊出来，为开除文殊菩萨而击打犍槌。

当时，世尊对文殊菩萨说：'大迦叶击打犍槌，心里是对你不起信吧。你要表明自己清净与自己的行境，以取悦诸大声闻。'

于是，文殊师利入定于真实显示一切佛刹的三摩地，只见在十方恒河沙数的佛土中，各各出现一位头陀功德如大迦叶般的比丘，为开除文殊菩萨而击起犍槌。

世尊问我：'迦叶，为什么击犍槌？'我陈述了事情原委。

世尊整个身体放大光明，对我说："迦叶，你看一下十方世界。"于是我放眼望去，如前一样见到（每个刹土都有一位大迦叶比丘，在击犍槌开除文殊菩萨）。

世尊问：'你是开除坐在我面前的这位文殊，还是坐在十方佛前的文殊呢？'

当时我羞愧难当，想扔掉犍槌，可却丢不掉，它不断传出击打声。发生在祇陀园的这一情景，在十方佛刹中也原原本本不增不减如是显现。

我顶礼佛足说：'我只有片面的智慧，不知菩萨的无量行境才击犍槌的，恳请文殊菩萨原谅。'

世尊告言：'迦叶，佛刹中显现的所有文殊菩萨，都是为了成熟在家有情，而于俗家安住夏三月。尽管他在舍卫城王妃那里夏安居，可却令波斯匿王王妃以外的五百女子、五百男子、五百童子、五百童女、五百妓女不退转于无上菩提，又令众多有情得声闻道及趋入善趣。'

我请问世尊：'文殊菩萨是通过怎样讲法而成熟他们的？'

世尊告言：'你问文殊菩萨，他自会答复。'

于是我问文殊菩萨。

文殊菩萨说：'大迦叶尊者，这些有情并不能依靠讲经说法而成熟。

有些众生通过嬉戏而成熟，同样，也有些依靠娶妻、制伏、布施、济贫、示现大庄严、种种神变、梵行等各种形相以及恐吓、粗语、温柔、饶益等得以成熟。有情的行为千差万别，故要依靠各种各样的方法来成熟。现今成熟的所有众生，以后通过讲经说法就能得以调化。'

我问：'文殊菩萨，你依靠这种行为成熟了多少有情？'

他说：'尽一切法界。法界、虚空界与众生界无二……'并宣讲了菩萨的三十二盔甲行，使一万二千天子发起无上菩提心。"

这以上是迦叶所述。

深藏不露，巧妙化外道

随后，具寿满慈子富楼那说："我也亲自领受过文殊菩萨的一些神变：

昔日，世尊在广严城积聚精舍中，与大比丘僧众聚会一处。当时有裸体派真实者，由六万裸体者所围绕，被奉为上师接受供养，住在广严城。我入定观那些外道的善根，发现有许多外道可得度化，于是便到那里为他们讲经说法。可是他们大为不敬，捂着耳朵不听，并且出言不逊，冷嘲热讽。我在三个月里连一个众生也没能成熟，败兴而归。

此时，文殊菩萨在那里幻化出五百外道徒，自立为师，然后偕同五百眷属，来到裸形派师真实者面前，顶礼真实者的双足后，坐在一旁这样说道：‘我等久闻圣者大名，故来此地，愿以你为本师，听受你的教授，无论如何也不见沙门乔达摩和他的声闻弟子们，不听与我们教派不符的法。请吩咐我等。’

真实者说：‘好！好！具有信心的你，很快就能宣说我的法。’随即对众眷属说：‘你们要和这五百位婆罗门子愉悦和睦相处，分析法义。这些人所说的，你们要认真铭记。’

于是，文殊菩萨及那些幻化的人，与外道徒住在一起，不间断宣说苦行和威仪等，时而赞说三宝，时而赞说裸形真实者的真正功德。他赢得了那些外道的信任。

在一个适当的时间，文殊菩萨传法时这样说：‘诸位尊者，按照我们论典、咒语、吠陀及典籍中所提及的，都有赞叹沙门乔达摩的功德。为什么呢？因为乔达摩出生在无瑕的转轮王种姓中，为帝释、梵天顶戴等，婆罗门予以授记，从出家到成佛，宣说具足三善、四梵行的正法……’他这般加以称赞，令五百外道获得清净法眼，另有成百上千的外道发起无上菩提心。

之后，五百位幻化的人五体投地顶礼说：‘顶礼佛陀！’外道所有眷属也都随学他们这样顶礼。当时，天王给他们曼陀罗花说：‘你们以此去

供养世尊。’

此后，文殊菩萨由众多眷属围绕，来到竹园围廊中的世尊面前，躬身顶礼，外道徒们也供养曼陀罗花，转绕世尊三匝，坐在一旁。接着，文殊菩萨的五百幻人启禀：‘世尊，如来是法身，我等不求见佛；世尊，法即无可言说，我等不求听闻世尊之法……’以此宣说了诸法无自性而无所求的法门，令二百比丘心无所取而解脱一切漏法。

迷途能够知返就好

有二百位获得四禅的增上慢比丘说：‘这种讲法与一切世间相违。’说完从座位上站起，离席而去。

我对文殊菩萨说：‘这二百比丘如此不敬而离开了。’

文殊菩萨说道：‘富楼那尊者，此说法是与一切世间相违。世间中耽著蕴等，依靠断除它而寻觅涅槃，却不知轮回自性不可得即是涅槃，因此当然相违。谁若了知轮回与涅槃等性无二，那就必然不相违。’以此宣讲了诸如此类的法门。

之后，文殊菩萨在那些比丘所行途中，幻化出大火遍地，这些比丘飞到空中，看见铁网已覆盖虚空，向下一看，又发现全部是洪水，他们迷失了方向，毛骨悚然。遥见通往祇陀园的道路，遍布莲花、青莲花等，众人皆为去世尊前听法，纷纷由此前往，于是他们只好返回，来到祇陀园的竹园围廊，在世尊面前顶礼，转绕三匝，站于一旁。

我富楼那问他们：‘你们去了何处，从何处而来？’

他们说：‘我们已获得阿罗汉漏尽的四禅，神足达到究竟，但听到文殊童子宣讲与此不符之法，于是从座上离开，结果发现这个刹土大火遍布，不能越过。’

我请问世尊：‘阿罗汉漏尽之地是什么？’

世尊告言：‘富楼那，行持贪嗔痴之火，绝不可能超离火蕴；以见解之网遮障，绝不可能斩断铁网；迈入有河，绝不可能越过水蕴。火蕴等无所来、无所去，是文殊菩萨加持显现的。同样，贪等也无来无去，只是以颠倒分别念于本来无我增益为我而已。瑜伽行者即便修成一缘寂止获得禅定，也不可骄傲、耽执。凭借禅定堪能之心，对于诸法的因缘，依靠妙观察而了知十二缘起的生灭，才能证悟诸法自性无生的胜义。’依此，这些比丘解脱了一切漏法。

不能小瞧异教徒

后来，裸形派真实者偕同五百眷属来到世尊面前，说道：‘我屡屡听说沙门乔达摩勾引别人的眷属，如今算真正领教了。文殊分裂我的眷属，

增加乔达摩的弟子，做完这些之后，他再也不来我跟前了。’

这时，有遍行者叫嘉伟罗珠，坐在众眷属中，（是真实者的好友，他）对真实者说：‘不要对世尊及其声闻和文殊菩萨不起信心，否则，你将长久无意义受苦。外道的奇特修行等，就像搅拌水而求酥油，是颠倒的；世尊的法，如搅拌乳汁而求酥油，是无倒的。好比舍弃泥造的瓦器而选择珍宝器一样，舍弃外道而成为如来教的法器，则无有欺惑，如同迷途知返。离系师，把你的眷属带走吧。’

此时，一万二千裸体派教徒随真实者离去，留下的弟子都获得神通，依靠世尊说‘善来’而出家。

世尊对嘉伟罗珠说：“与真实者一起离开的一万二千裸体者，因听闻此甚深法，将来会成为弥勒如来的首批眷属。真实者，成为弥勒如来弟子中智慧第一，如同现今我的舍利子一样。他现在虽然对我有信解，但由于增上慢而不舍自己的见解。”

随后，文殊菩萨与世尊对嘉伟罗珠宣说了莫生我慢、要精进不放逸等道理。嘉伟罗珠发起菩提心，证得无生法忍，并获授记将来成佛，佛号智蕴。”

如富楼那所述这样，众人在世尊面前，也纷纷讲述了文殊菩萨如何显示绝顶神变和说法神变。

菩萨云游并非游山玩水

《华严经》[1]中记载：

文殊童子住在无住楼阁时，与无量同行大菩萨，以及常侍身后的金刚神，属于身类的天神、属于足行类的天神、地上的天神等，诸夜叉王、乾达婆王等，帝释天王、梵天王，大兴佛事赞叹、供养佛陀。文殊童子佩戴菩萨圆满装饰，从自己的住处出来，数百次转绕佛陀，以大量供品做供养后，前往南方云游去了。

随后，舍利子依靠佛陀的加持，看见文殊童子以菩萨圆满的神变、庄严经过紫达园往南方而去，心想跟他一起出游。于是舍利子由大约六十位比丘前后围绕，从住处出来到世尊的住所，顶礼世尊，请求开许。得到开许后，他便与文殊童子一道外出。

和舍利子同行的比丘，有海慧比丘、大善授比丘、福光比丘等，全是出家不久的新比丘。他们均于过去世承侍诸佛，有着甚深胜解，对如来功德与正法体性以广大的见解、胜解心行持，具备利他心，这全是依靠文殊童子讲法而调伏的。

具寿舍利子要上路时，看着比丘们，对海慧比丘说："你可观察文殊童子的身体，由善妙的相好庄严，普皆清净，人天莫能思议；（你可观察文殊童子的圆光，）光芒纯净，令无量有情生起欢喜，光网庄严能消除无

1 《华严经》所摘内容，在汉文大藏经《大方广佛华严经（卷四）》中有。

量有情的痛苦；（你可观察文殊童子的）眷属圆满，均是往昔善根之所摄受；（你可观察文殊童子的所行之路，）畅通无阻，胜伏诸道之庄严，能观见诸方；（你可观察文殊童子的福德圆满，）所行之处，左右皆有大宝藏，这由往昔承侍诸佛的善根及等流果所感，（随便前往何处，都会有宝树，）从一切树隙间出现许多庄严具；（你可观察文殊童子，）普受一切世间天尊顶礼，他们降下供养云；（你可观察文殊童子，）十方一切如来传播妙法时，放出各种光明，于其顶上呈现……"

诸如此类，具寿舍利子在路上为众比丘讲了文殊童子的无量功德庄严，令其明了。听到文殊童子如是功德后，这些比丘心意清净、澄明、离过，一切障碍不复存在，对佛陀与正法心生信解而向往，成就菩萨无碍善根，诸根普皆清净，信心、悲心力增长，深入诸波罗蜜多，显现十方如海佛陀，对一切种智的境界深生信乐。他们对舍利子说："亲教师，我等祈求去亲近这位大士。"

随后，舍利子带这些比丘一同前往文殊童子处，说："文殊菩萨，这些比丘想见你。"

此时，文殊童子被无量菩萨、种种眷属所围绕，威严犹如象王。这些比丘顶礼文殊童子双足，恭敬合掌说："惟愿大士您、亲教师（舍利子）、释迦牟尼如来证知，我们今日得见您、顶礼您，愿以此善根，以及我等过去所积善根，获得如您一样的身体、妙音、妙相、神变。"

要有不厌烦的耐心，尤其是修行

文殊童子对他们说：“诸比丘，若有善男子或善女人，具足十种不厌之发心，趋入大乘，不要说菩萨地，就是如来地也能胜伏。哪十种呢？观见、供养如来等不厌之发心；积累善根不厌之发心；寻觅正法不厌之发心；修行菩萨波罗蜜多不厌之发心；成就等持不厌之发心；一切时分趋入（三世流转一切诸法）不厌之发心；清净如海刹土不厌之发心；成熟一切有情不厌之发心；于一切刹土一切劫中修持菩萨行不厌之发心；为成熟一个有情，行持一切刹土微尘数的波罗蜜多，以此成就如来一力，如是渐增，为成熟一切有情而成就如来一切力，于此不厌之发心。具足这十种发心，则能长养一切善根，脱离轮回一切生死，超离声闻、缘觉一切地，成就如来一切种性，清净菩萨一切行为，趋入如来一切功德，降伏众魔及怨敌，入菩萨地，近如来地。”

这些比丘听闻此话，得证亲见一切佛陀的无碍眼境等持，依此威神力，见到十方无边无际刹土中的如来，了知并得见转生于彼刹土的所有众生，乃至他们的极细微痛苦。得闻那些如来以如海梵音讲经，种种词句、文字表示，皆能彻知。能观察彼世界中一切众生的心思、根基和意乐，能忆念他们过去未来各十生事，也能趋入那些如来十种法轮修行的含义，趋入十种神变修行，趋入十种说法修行，趋入十种随教修行，趋入十种无碍解修行。诸位比丘刚获得这一等持，就圆满了一万菩提心支和一万等持，一万波罗蜜多分支也得以清净，并以大光明智慧光的威力，获得菩萨十种神通。

文殊童子将获得细微神通幼苗、菩提心稳固的他们，安置于普贤行为中，令其趋入并修行如海大愿。依靠这种力量，他们心得以清净，身体也得以清净，获得广大神通而不退转，跟随文殊童子而不动摇。为了承侍文殊童子、成就佛陀的一切法，于十方世界修行一切如来的身事业云。

一百五十三参的善财

文殊童子劝这些比丘发起阿耨多罗三藐三菩提心，之后渐次南行，来到乐源城。在城的东边，有个名为娑罗树锦幢庄严的森林，里面有一座佛塔，常为天龙夜叉等所供养。在那里，文殊童子宣说了名叫“法界经藏光明”的千万俱胝那由他经藏。听到此法后，海里数百千俱胝那由他龙族，对如来功德深生爱乐，断绝了龙相续而转生为天人和人，其中一万诸龙于无上菩提得不退转。文殊童子宣说这一法门，令无量无边的众生于三乘中各得成熟。

后来，乐源城的人们听说文殊童子住在娑罗树锦幢庄严林，于是（纷纷出城，前往拜见。）大慧商主优婆塞由善施居士等五百居士围绕，大慧优婆夷由贤光优婆夷等五百优婆夷围绕，商主之子善财由商主之子善禁行等五百商主之子围绕，施主大慧之女妙善由善贤女等五百童女围绕，他们来到文殊童子面前，在其足下顶礼，右绕三匝，站于一旁。文殊童子摄受了这些眷属，以慈心满足他们，以悲心讲经说法，根据其修行、智慧和意乐，以大无碍解讲法。

之后，文殊童子欢喜地看着商主之子——善财，注视着这个承侍过诸佛并生起广大善根等具有殊胜功德的童子，与其欢悦言谈以后，从佛陀的一切法及诸法所摄所得等入手，宣说正法，令善财及诸大众发起无上菩提心，忆念起过去所种善根。之后文殊童子离开了。

善知识是一切功德的源泉

商主之子善财听到如来的功德及殊胜后，精进信受圆满菩提，跟随在文殊童子身后，以偈颂赞叹，请教菩萨所行之道。

文殊童子说道："善男子，你发无上菩提心，想要随行善知识、圆满菩萨道而思维菩萨行，善哉善哉。善男子，依止、请教善知识是成就遍知的根本，因此要恭敬承侍善知识，毫不厌倦。"

善财请问："当如何修学菩萨行、如何策励？"

文殊童子随之赞叹"善哉"，教诫了寻觅善知识和教法，然后授记说："南方那一地带，是人间最妙之境。在妙颈山上，住着一位云吉祥比丘，你到他面前请问如何修学菩萨行，他会为你宣说普贤行门。”

其后，商主之子善财依文殊童子所说，不畏艰辛地前往云吉祥比丘等诸位菩萨前寻求菩萨行，期间亲眼目睹了大菩萨们的稀奇神变。之后又依照前前授记，连续不断到善知识面前，这些菩萨也以不可思议、各不相同的事迹利益他、加持他，其他菩萨即使在俱胝那由他劫中与这些菩萨相伴，也不知晓这种行境。依此，善财获得了广大功德，最后根据吉祥生童子与吉祥慧童女授记，来到弥勒菩萨面前。

依止宿世有缘的上师格外重要

弥勒菩萨赞叹了菩提心，在楼阁上宣讲佛菩萨如海的传记、加持，令善财获得了陀罗尼、等持等广大殊胜功德。

随后，弥勒菩萨亲言：“善男子，你仍需要去往文殊童子前，请教菩萨如何修学等问题，这位善知识将为你分别显示。为什么呢？修行文殊童子的行为，这种殊胜愿力，百千俱胝那由他菩萨也不具有。修行他的大愿及修行他的一切殊胜功德，不可限量。文殊童子相当于百千俱胝那由他佛陀之母，为百千俱胝那由他菩萨宣说教授，以最胜精进成熟、调化一切有情界，以名号克胜十方世界，在如来的所有眷属中成为语大士，受到一切如来赞叹、称扬，行持真正如实现见一切法的甚深智慧，深入一切解脱境界，究竟普贤菩萨诸行。善男子，这位善知识，会令你生于如来种姓，一切善根与日俱增，修行菩萨的众多资粮，依止真正的善知识，真实激发一切功德，趋入一切大愿，深入一切大愿修行，听闻一切菩萨深密意，真正宣说菩萨不可思议的功德。随行前世，善男子，你现在当住于文殊童子足前，得受一切功德教授，切莫厌倦懈怠。为什么呢？善财，你先前见过多少善知识、听受过多少殊胜行为、趋入多少解脱之理、通达多少殊胜愿力，且观这一切，均是文殊童子的威神力和加持。文殊童子已获得一切之最的波罗蜜多。”

于是，商主之子善财顶礼弥勒菩萨足，周匝转绕成百上千次，再再瞻仰而离开了弥勒菩萨。

再续前缘

云游了一百一十座城市以后，在一个名叫悦意生的地方，善财心想于此能遇到文殊童子，而禁不住欢喜。文殊童子从一百一十由旬以外，伸展妙臂为商主之子善财摸顶，说道：“善男子，善哉善哉！若不具信根、心生疲厌、心志怯懦、退失精进、于少功德而生知足、耽著一种善根、不具善巧方便，则不能亲近诸善知识，佛陀不予垂念，也不能彻知这种法性，无法通晓、诚信或获得这种行境之处……”文殊童子为善财真实宣说正法，欢喜赞叹，令他获得无数法门和无边智慧大光明。依靠菩萨的无边总持、等持、辩才、神通作加持，他安住于普贤行坛城中。

文殊童子如是显示无边微妙法义，并劝善财修习，之后在他面前忽然不现。

随后，商主之子善财看到普贤菩萨住于毗卢遮那佛前，普贤菩萨的身体无比清净，随其一分，也有不可思议、尽法界的如海功德，依其加持，获得了彼等所趋入的等性行境。当时，普贤菩萨以妙音诵出《普贤行愿品》中的“文殊师利勇猛智，普贤慧行亦复然，我今回向诸善根，随彼一切常修学……”

这样的神变，真的不是以凡夫分别心所能触及

《圣宝积部 · 说佛不可思议境经》[1]中记载：

文殊童子宣说佛陀的境界无所得、平等性，以此利益了无量众生。

随后，吉祥贤天子说：“文殊童子，你平时常在赡部洲说法，请你也前往兜率天，为兜率天的天人们讲法。那里的天子曾承侍过去诸佛，种诸善根，境地胜妙，但因（生于天中而）放逸无度，失去在世尊和你面前闻法的机会。（你若能前往兜率天传法，）他们必能因听闻正法而增上善根。”

1 《圣宝积部 · 说佛不可思议境经》所摘内容，在汉文大藏经《文殊师利所说不思议佛境界经（卷一）》中有。

文殊童子示现神变，幻化出极其庄严的兜率天宫，遍布舒心悦意的经堂和宫殿等，并加持吉祥贤天子与（此会中）一切眷属以为自己已趋入兜率天。吉祥贤天子见到自己种种严饰的住所，又见到所有侍从，颇感稀奇，对文殊童子说："这么快就到了兜率天，看到这里的宫殿、经堂等，乃至我的住所、侍从，真是神奇。"

具寿须菩提对吉祥贤天子说："天子，你在此处丝毫未动，并没有前往兜率天。然而，所有眷属都认为已入兜率天境，这是因为文殊童子的神变和加持。"

吉祥贤天子启白佛陀："世尊，文殊童子的神变示导及等持的加持力真是不可思议，我们这些眷属在此方纹丝未动，就觉得已到兜率天，太稀有了。"

佛陀告言："天子，文殊童子的所有神变示导，你只知少分，而唯有我能全部了知。天子，文殊童子以神通之力，能将恒河沙数佛刹的所有功德庄严，于一个刹土中真实展现；又能将恒河沙数刹土集在一处，状如缯束，安放在上空中；又能将这些刹土的所有大海注入一毛孔内，而对其中众生无损，他们仍以为安住在各自的大海中；又能将这些刹土的所有须弥山王纳为一座山，此山再放入芥子内，而居于山上的天人无有损害，仍以为居住在自己的处所；又能将这些刹土的所有五道众生置于掌中，以世上一切安乐资具使他们享受快乐；又能将恒河沙数刹土燃烧的所有火集在一处，大小犹如一个灯炷，所有火事与之前无别；又能令恒河沙数刹土的所有日月，被他一毛孔的光芒遮蔽。天子，文殊童子的神变示导，我在一劫或多劫中也说之不尽，他具足如此不可思议的神变示导与加持。”

再恶也有发善愿的时候

魔王波旬坐在众眷属中，把自己变成比丘形象，对佛陀说：“世尊，让我见识一下文殊童子的神变示导吧。你只是宣称他有这些功德，（我不相信，）要让我现量见到。”

佛陀明知他是波旬，但为增长无量众生的善根，而告诉文殊童子：“文殊，我劝请你在这些眷属前展示自己的神变示导，以令无量有情增长善根。”

文殊童子接受世尊教诫，入定于以心驾驭万法幻变三摩地中。刚一入定，所有眷属就目睹了如上所说的神变之事，如佛所言不增不减，大众倍感稀奇。

佛说：“善哉，善哉。佛陀出世是为一切众生安住大义，因佛出世才使得这样的大德也出现于世，如此不可思议的神变是世间光明。”

波旬亲见文殊童子大显神变，惊奇不已，双手合掌顶礼文殊童子，如是说道：“文殊童子的神变示导真是不可思议，真是稀有。若有众生闻此神变，心生信解、颇觉神奇，世尊，即使魔王波旬多如恒河沙数，对如此信解的众生也不会制造违缘。世尊，我魔王波旬常于如来处不断寻隙，心喜损害一切有情，若见有人精进行持善法，必定对其制造违缘，但从今以后我发誓：只要是此法门行持之处，一百由旬之内，我会视若无睹（、无有所作），若有人受持、讲说此经，我对其生本师想，予以恭敬。然而，我的眷属乐于对佛法制造违缘，使精进者散乱，为阻止他们，我说此密咒而供养……”

佛陀赞言“善哉”，之后说：“魔王当知，你在这里宣说密咒，令恒河沙数世界出现六种震动，你的所有辩才，都是文殊童子的加持。”

此后，文殊童子要去兜率天，吉祥贤天子随同菩萨、声闻等眷属一同前往。此时，从四大天王天直至色究竟天之间的众天人都聚集在那里，文殊童子通过讲经说法，利益了无量有情。

随后，应吉祥贤天子之问，文殊童子入于无垢光三摩地，使上方十二恒河沙佛刹直至普贤如来的功德光刹土，一切刹土都遍布光芒。（普贤如来的）眷属请问原因，普贤如来讲述了其中缘由，使得那个刹土的菩萨都祈求得见娑婆世界的释迦佛和文殊童子。于是，普贤如来脚掌放光，光芒遍照（下方十二恒河沙佛土一直到）娑婆世界，使娑婆世界和功德光刹土的所有菩萨相互见到了彼此的刹土。

其后，普贤如来问诸位菩萨："善男子，在娑婆世界将获得大法语，你们谁乐于前往？"持智灯大菩萨（从座上站起，发愿前往娑婆世界。于是他）由十俱胝菩萨围绕，在壮士屈伸手臂的刹那间，来到（娑婆世界兜率天宫，他对）文殊童子恭敬顶礼，之后说道："普贤如来派我到这里。"众眷属对文殊童子（以三昧力放光，令上方诸菩萨来此闻法）的神变感到稀有。随后，文殊童子为与会大众讲法。（圆满之后）于一念顷，从兜率天消失，偕持智灯菩萨及其眷属一同来到世尊面前。他们对佛陀恭敬顶礼，之后坐于各自座上。

世尊教诫诸位眷属："大众当知，此圣士文殊菩萨、持智灯菩萨，为成熟无量众生，示现如此神变和加持。这两位大菩萨已成就种种方便、无碍解、智慧、辩才，已于无数劫行持佛陀的事业，为利众生而安住世间。若有众生见此二位菩萨，则得六根自在，永不入于众魔境界。"

万法皆空，修道干嘛

《圣宝积部 · 宣说法界无别经》[1] 中记载：

文殊童子宣说一切法皆是法界自性、无染无净、无缚无解的甚深意义时，眷属中有两百比丘说："如果解脱不存在，那我们出家、精进修道还

1 《圣宝积部 · 宣说法界无别经》所摘内容，在汉文大藏经《大宝积经（卷二十五）》中有。

有什么意义？”于是心灰意冷，从眷属中离去。

在他们回去的途中，文殊菩萨幻化出一位比丘，对他们说：“我是对文殊童子讲法没有信解、没有诚信才离开的。”

他们说：“我们也是这样。”

幻化比丘又说：“你们单单是因为没有信解离开，还是说要舍法、口出恶语而离开的？”

他们回答：“我们只是没有信解而离开，没有舍法、没说恶语。”

幻化比丘说：“诸位尊者，非诤讼是第一沙门法，切切不可口出恶语，切切不可争论。我们同路而行吧。诸位尊者，你们观察这颗心是蓝色还是黄色等颜色？是真实，还是非真实？是常有，还是无常？是有色，还是非有色？心若非有色，无所宣说，无所显现，无碍无住，非能诠表，那这样的心住在里面，还是外面，或是二者之间？有所得吗？”

比丘们说：“没有。”

“那么，真正有圆成实吗？”

他们说：“并没有。”

幻化比丘问：“不是真实、不是圆成实的它，有解脱吗？”

他们回答："没有。"

幻化比丘又说："诸位尊者，正因为如此，文殊童子才宣说法界自性无有染净，但被颠倒蒙蔽的凡夫异生，执著我与我所，并安住其中，从而生起有缘执的心。虽然心缘取出家、修道，但这样的心无有自性，离生住灭，无染无净，无有所证，正是考虑到这一点，文殊童子才如此解说。"依此，二百位比丘心无所取而解脱一切漏法。

随后，他们回到文殊童子面前，脱下各自的上衣，披在文殊童子身上，说："请文殊童子您救护我们。我们都没有舍弃妙法，从今以后，唯一趋入甚深正法。"

精彩的回答

随后，须菩提尊者问那些比丘："诸位尊者，你们获得了什么？现证了什么？为何将各自的法衣披在文殊童子身上？"

他们说："须菩提尊者，我们一无所得，无有现证，为此我们才将各自的法衣披在文殊童子身上。须菩提尊者，因为我们有获得之想，彼时才从座而起，从眷属中离去。我们已远离了获得之想，所以才回到这里。所谓的获得，是一种动摇的慢心，实则无所获得、无所现证。"

须菩提问："是谁调伏了你们？"

他们说："无得、无生、心无散乱入定即调伏。"

须菩提问："是谁这样说而调伏你们的呢？"

他们说："问文殊童子吧。"

于是，阿难问文殊童子："是谁调伏了那些比丘？"

文殊童子说："胜义中谁也没有调伏，名言中以如幻的幻化而调伏。"

"刺痛我心"

之后，（应阿难之问，）佛陀为胜宝天子授记，如是音声令魔宫震动，到处遍布这种授记声，于是波旬偕魔军来到世尊面前，说："授记三千世界的一切众生都成阿罗汉，我可以随喜，唯独授记一位菩萨成佛，我不随喜。（为什么呢？若菩萨得授记无上道，）我的魔宫暗蔽不明，而且这位菩萨将以三乘法，拔济无数众生出离三界，以此大大刺痛我心。"

文殊童子说："波旬，你来也好，没来也好，都不能对此制造违缘。因为这样的菩萨趋入殊胜意乐，具足善巧方便，行持般若波罗蜜多而得出离。"

佛陀以威德力加持魔王波旬，向文殊童子请教了何为殊胜意乐、善巧方便和般若波罗蜜多。文殊童子一一作了答复。

魔王演说深法

其后，胜宝天子对文殊童子说："把这个障碍（大乘行人）受持正法的魔王波旬，连同其魔军、坐骑和处所，都吞入自己的腹内吧。"

文殊童子说："这不是菩萨的做法，我要加持魔王波旬显现妙相庄严的佛身，坐在狮子座上，以佛陀的辩才宣说正法。"

魔王听闻此话，想要隐身逃跑，却没有得逞。紧接着，众眷属看到魔王以佛陀身相坐在狮子座上。文殊童子对魔王波旬说："波旬，你获得了一切如来的菩提，以佛身坐在狮子座上了。"

依靠文殊童子的加持，魔王波旬说道："文殊童子，世尊尚且没有获证菩提，何况是我。为什么呢？菩提是远离获得之贪的法相，因此对于离贪者而言，无所获得，也无所现证。菩提是证得无为法，是无所获得的法相。同样，菩提是三解脱门的自性，是法界、真如、真实际、无我的体性，无有任何现前圆满成佛之事。若能于诸法体性无有分别，这就是佛陀。"

魔王宣说这种教义时，五百菩萨获得了无生法忍。

"两尊佛"互相问答利益颇大

之后，舍利子对文殊童子说："文殊童子，你加持魔王波旬以佛陀身相宣说如此深法，真是稀有。”

文殊童子说：“舍利子，我也能加持树木等无情物如此说法。对于舍利子尊者你，我也能通过加持，变成如此。”

舍利子心想：“如果文殊童子加持我也这样做，令声闻现本师佛陀的身相，是不共的戏弄，我要从眷属中消失。”可是，因为文殊童子的威力，他无法隐身。

文殊童子知晓他的心念，遂加持舍利子变成佛陀身相，坐在狮子座上。对此，所有眷属有目共睹。

随后，文殊童子对舍利子说：“舍利子尊者，你可与魔王波旬共同讲法，就像如来说法一样。”

显现佛陀身相的舍利子，对显现佛陀身相的魔王波旬发问：“波旬，诸佛菩提是何等体性？”

波旬回答：“舍利子尊者，证悟诸法平等，是诸佛菩提的体性……”

他又反过来问：“舍利子，一切如来住于何处？”

舍利子回答：“波旬，如来住于生死平等中……”

依此，八百比丘心无所取而解脱一切漏法。诸天子等对舍利子、魔王生信者中，有三万二千众生发起阿耨多罗三藐三菩提心。

正是为了调伏这些天子，文殊童子才加持魔王波旬和舍利子尊者显现妙相庄严的佛陀身相，完毕后又收回这种加持，使他们恢复成原本的样子。

之后，来自不同佛刹的数千菩萨聚集于此，依靠文殊童子宣讲的法界体性无分别这一法门而得以成熟。

世尊教诫："诸菩萨，当受持此法。我灭度后，此法将广兴于赡部洲。"

不出家，是最好的修行

《宝积部大显神变法门》[1] 中记载：

往昔过去无量大劫之前的现喜劫时，在如山王如来的教法中，文殊童子是一位名叫法幢的说法比丘。当时，善庄严转轮王统治四洲，并有一千位王子。

法幢比丘对他们宣说菩提的本体空性、无有执著之理及一切菩萨的甚深行为，他们生起无比的欢喜心，脱下身上的庄严饰物供养法师。法幢比丘说："较此更为超胜的供养，是发菩提心，于如来教中出家。"

转轮王听后，不顾欲妙喜乐和国家的富有，去如山王如来面前请求"我想在如来的教法中出家"，并得到开许。国王又对一千王子说："你

1 《宝积部大显神变法门》所摘内容，在汉文大藏经《大宝积经（卷八十六）》中有。

们中谁喜欢治理国政，令一切众生受持正法？”

他们都说：“父王，请开许我们也出家。”

他们中有一位叫大悲童子的王子，对那些兄长说了如下偈颂：“出家积众德，虽是如来说，然具悲心故，利生我执政。有生我梵行，受八关斋戒，不事花涂香，如是不饮酒……不贪执自利，成熟诸有情。”

如来对他赐言“善哉”，随后说：“殊胜士夫，善哉善哉，若真实受持八种学处戒律之法，在家菩萨也具有等同出家的功德。你的大悲也能无余修行出家的功德。”

国王将国政交付给这位王子，之后，携同九百九十九位王子出家。他们生起了五通、总持、正念和闻法的智慧。大悲童子太子每月十五于四大部洲宣讲正法，使九亿二千万有情发起无上菩提心。他们对如来教法生起信心而出家，于无上菩提中不复退转。

当时，善庄严转轮王就是现今文殊摄受的商主天子，千位王子是贤劫千佛，大悲童子太子是本师释迦佛。

文殊与佛有何差别

其后，舍利子说：“文殊童子，你与这位商主天子长久修持梵净行，承侍众多如来并增长善根。”

文殊童子说：“舍利子，所谓梵净行，是八圣道的异名，道是有为法，而我即无为，所以我并非久修梵行；梵净行是行为的本性，而我无所行，因此并非久修梵行……”

又说：“（所谓承侍众多如来，）如来无所照见、无所显示等，超离一切蕴处，是真如、真实际、法界、等性、离戏等的体性，为此，我无法恭敬承侍。

（所谓增长善根，）善根不是一切染污品之根、一切执著之根，不是声闻、缘觉所证之根。菩萨的善根，是不舍弃遍知之心，成熟一切有情，受持一切正法，修行波罗蜜多、总持、辩才、无碍解、十力等之根。”如是宣说了这三者的真义根本定解。

所有眷属都说“善哉”，以种种鲜花撒向世尊与文殊童子，说道：“当知文殊童子无论住于任何佛刹，那里即出世了两位如来。”并说：“任何众生，若对文殊童子所宣说的法不惊不怖，则善根不浅，他们能阻止一切魔业，获此大乘光明。”

无误讲法是大神变，无误信受也是大神变

世尊听到这些眷属所说，显得非常喜悦，随后告言商主天子：“天

子，何人听闻文殊童子所说而信受，这也是大神变，他们不畏惧除此之外的一切神变。何以故？天子，对于有恒常之想的一切众生宣说无常；对于有安乐之想的一切众生宣说痛苦；对于有我想的众生宣说无我；对于有清净想的众生宣说不净；对于有实想的众生宣说无实；对于有见想的众生宣说空性；对于有相想的众生宣说无相；对于有三界想的众生宣说无愿；对于有我执、我所执之想的众生，宣说远离一切见，这是世间的大畏，若不畏惧这些，就是真正调柔。因此，所有真正调柔者无所畏惧，不被畏惧之法和我执、我所执摄持，由此无有所依，无有动摇，无取无舍等，无倒真实成就，无碍现前正见、正定等，直至现前佛陀的一切法。对无作、无生之一切法，以法的次第如此宣说，这也是大神变。”

舍利子对文殊童子说：“我们不论向文殊童子你请教什么，你言谈之间都能显示佛陀的一切法。”

文殊童子说：“舍利子，诸法无主人，无尽、永恒不住等，才能随心所欲而修行、讲说等。这些法不能从何处取来，也不能带往何处，它们不是积集性。不管解说也好，没有解说也好，都不舍法的真如。一切众生与一切佛陀的说法形成文字，所有文字并不是从身出生，也不是从心出生，而是由因缘所生，所有文字无所积集。同样，心与心所的一切法也无所积集，烦恼的所缘与断烦恼的智慧也无所积集，依靠一无所住的智慧，断除不住的一切烦恼，这就是大神变。”

随后，商主天子与文殊童子研讨佛法，利益了芸芸众生。

念念不离的就是利益群生

《宝积部 · 圣善住慧天子请问经》[1]中记载：

文殊童子独自一人安静住在自己的处所，真实安住内观，入定于无染无心离心等持中。刚从中起定，十方无量佛刹出现六种震动。他不禁思量："如来难以出世，若于佛前听法，能灭尽一切有情的痛苦。我要去往如来面前成办一切众生的善根，令诸位菩萨对不可思议的佛陀之法无有怀疑，圆满菩提。本来这个（娑婆）世界的所有众生三毒严重、愚痴不敬、具不善法、远离佛法僧，若能闻法，其慧眼将得以清净。"

接着又想："我还要召集数十万之多的十方菩萨于如来前闻法，以身证现前此甚深法忍。"想到这里，他入定于普明无垢庄严等持中。当即，十方尽恒河沙数刹土遍布柔妙无垢大光明，世界之间的重重黑暗和山峦铁围、密林等都被那光芒照亮。

十方那些世界中住世的诸佛前，各自的侍者请问："这前所未见的悦意光芒是什么因缘而来？此光芒使我们身心安适，一切众生的贪嗔痴不复

1 《宝积部 · 圣善住慧天子请问经》所摘内容，在汉文大藏经《圣善住意天子所问经（卷一）》中有。

萌生，到底是谁的威神力和加持？”

那些佛陀默然不语。

默言意味着什么

依靠佛陀的威力，十方世界天、龙、夜叉、阿修罗、人、飞禽走兽等止息一切声音。同样，水、风、大海、乐器、歌曲也都发不出音声，悄无声息，万籁寂静。那些佛陀的侍者，三次请问：“是谁的威力放此光明？请佛为利乐众多天、人而解说。”

此时，十方所有佛陀的声音汇为一音同声宣说，如同一位如来一样，其余如来都这般宣说，他们的语事业集为一妙音而教诫。诸佛所出的这一音声，周遍一切刹土，人、天的所有乐器不奏自鸣，乐音中传出无常、苦、空、无我、真如、波罗蜜多等数十万法音，无量十万俱胝那由他数的众生听到之后，成就三乘菩提，或于大梵天王、转轮王的王位中不复退转。

随后，那些佛陀对他们的侍者说：“诸善男子，这样问对你们有何用？此光是以不可思议的善根和布施等资粮而形成，并非一切声闻、缘觉的威力所致。假设如来赞叹此光芒，天等一切世间众生将会迷惑。这光是由慈心等功德熏染所成，能令一切众生满足，如果赞叹此光芒，历经一劫或多劫也说之不尽。汝等谛听，当为宣说。”

打破砂锅问到底

侍者又祈求两三次。佛告言："诸善男子，在娑婆世界，有如来、应供、正等觉号释迦牟尼，明行足、善逝、世间解、调御丈夫，天人师、佛陀、出有坏，现今住于五浊恶世。彼处众生烦恼粗重、根基暗钝、无惭无愧，无恭敬心、感受烦恼的业力，于此众生之中，无上真实正等正觉圆满佛陀正在说法。善男子，在释迦佛的刹土中，有菩萨名为文殊童子，具大威力、大智慧、大精进，为一切菩萨真实说法、真实摄受、真实赞叹总持、真实令其欢喜，相当于所有菩萨之父母，他精通辨别一切法之基，获得无贪的智慧波罗蜜多，具足无碍辩才，获得陀罗尼，具有菩萨不可思议的功德。为了成就一切有情的善根、圆满菩萨不可思议之法，他今在释迦如来面前请法，为召集十方菩萨云集听闻，才放此光芒。大光明的因缘就是这样。"

那些侍从请问："文殊童子住于什么等持而放出这样的光芒？"

佛告言："文殊童子安住于普明无垢庄严等持而放射此光。"

他们又问："为什么诸位佛陀出有坏不放射此明了、清净、令身心欢喜、胜喜的光芒？"

佛告言："诸善男子，因为召集菩萨、讲说劝请菩萨的法门，只是偶尔现世，并非常常出现。"

随后，十方无量刹土的每一刹土中，无量无数不可思议十万俱胝那由他数的菩萨向那些佛陀顶礼，并问："此耀眼夺目的光芒从何而来？是谁的光？"

如来如前一样做了解答。那些菩萨为了面见释迦牟尼如来、文殊童子和其余菩萨，请求前往娑婆世界。

那些如来了知时机成熟，便说："去吧。"

超出自己的境界的事，肯定不知不见

于是，菩萨们在如大力士屈伸手臂的刹那间，从各自刹土消失不见，而来到娑婆世界。有些菩萨伴着花雨飘撒来到释迦如来面前，有些降下末香、涂香、花鬘等妙雨，有些弹奏着数十万铙钹，有些则同声赞叹如来功德，此妙音遍及整个大千世界。他们以诸如此类种种庄严，令饿鬼界的所有众生心得寂静，此世界任何众生皆无有贪嗔痴慢等烦恼的逼迫，一切众生具足慈心及殊胜喜心。

随后，这些不可思议的菩萨众在释迦如来足下稽首礼拜，转绕三匝后，飞于上空突然隐身不见。他们入定于灭身等持中，以各自愿力生出五颜六色的数十万瓣莲花，并于花台上跏趺而坐。

大迦叶尊者见此稀有奇妙的神变，又见天降香花、涂香、末香等妙雨，听到数十万铙钹的乐音，见到大光明，见到四大洲世界铺满没过膝盖的鲜花，见到与会的龙、人等大多数眷属，以及比丘、男居士、女居士等一切眷属，身体都变成金色，于是从座而起，将法衣搭于一肩，右膝跪地，向佛合掌，以偈颂赞叹佛陀，请问："以什么因缘出现如此大光明，以及稀有神奇的广大瑞相？"

佛告言："迦叶，这样问对你有何用？这不是一切声闻、缘觉的境界，假设如来宣说，包括天人在内的世间众生将迷惑不解。"

迦叶请求："世尊，为了利乐芸芸众生，请为我等解说。"

世尊告言："迦叶，文殊菩萨今入于普明无垢庄严等持而放射光芒，以此真实劝请十方世界无量无数不可思议十万俱胝那由他菩萨来到娑婆世界。那些菩萨在我足下顶礼，转绕三匝后，飞于上空七棵娑罗树的高处，坐于莲花上。依靠众菩萨的威力，出现了花雨等相。"

迦叶白佛："世尊，这里一位菩萨也见不到啊。"

世尊告言："迦叶，声闻、缘觉无法看到他们，为什么？声闻、缘觉不住菩萨所住之大慈大悲，不求利他和波罗蜜多行为，也不行殊胜意乐。迦叶，那些菩萨入定于灭身等持，声闻、缘觉不能见到，唯有诸如来才能现见。那些善男子均是住地菩萨，新入乘的菩萨尚且不能见到，更何况声闻、缘觉了。"

随后，迦叶请教怎样获得这种等持。

世尊告言："若具足十法，将获得这一等持。诸声闻、缘觉不能入彼等持，因为连其名字尚且不知，更何况是入定了？"

大迦叶又启禀："世尊，我想见到那些菩萨，为什么？因为他们难可得见。"

世尊告言："迦叶，在文殊童子来之前，你稍坐片刻。当那些菩萨从此等持中起定，才能见得到。迦叶，你已获得等持之处，现在观一下那些菩萨以何威仪而安住。"

大迦叶尊者听从世尊所言，依靠佛陀的威德力，并发起自力，入定于一万等持，之后又起定，都没有见到他们，对于他们的来去、住、极住、所行、所说，一无所知、一无所见，从而对那些菩萨的境界倍感稀奇，并对超胜那些菩萨的遍知佛陀之境界更生欢喜。

接着，舍利子心想："我被如来誉为智慧第一，要观察一下那些菩萨以怎样的威仪安住。"于是，入于三万等持，可是也没能了知他们的妙相。

随之，须菩提为了观见那些菩萨，依靠佛陀的威神力，发挥自己的力量入于四万等持，之后出定，但也未能看见他们的威仪，于是启禀世尊："世尊，我被如来赞为安住无染第一，我已获得寂静等持，假设将四洲世界变成一个大鼓，有如是两个大鼓，有人拿着大如须弥山的鼓槌，在住于寂静等持的我面前，数劫中不间断击鼓，以我获得的寂静等持，纵然经过一劫，那两个大鼓的声音也不会传入我耳中，更不会惊动我的等持。我具有这样的安住和智慧。而今入于四万等持，并从中起定，我也不知道那些菩萨在哪里。假设要寻觅他们这种智慧，为了一一有情历经恒河沙数劫在大地狱中被焚烧也心甘情愿，而不应放弃这样的智慧。世尊，假设我做不到心无所取而解脱一切漏法，那么纵然尽未来际感受生死流转，我也不舍弃这样的大乘。”

世尊赐言须菩提尊者“善哉”，又说：“须菩提，你以如此殊胜意乐说这番话，善哉善哉！须菩提，假设你此受阴没有涅槃，以此善根，你必获得恒河沙数的转轮王位，之后终将于无上圆满菩提成佛。须菩提，大千世界的众生多吗？”

须菩提答：“世尊，非常多。”

佛陀告言：“须菩提，假设这所有众生都拥有像比丘须菩提、舍利子、大迦叶一样的智慧，于数十万俱胝那由他劫中观察那些菩萨，也不能现见。何以故？声闻、缘觉不行持菩萨所行之法，所以这不是声闻、缘觉的境界。”

依此，八万四千人、天众生发起无上菩提心。

百千万劫难遭遇的佛法，要尽量劝人听闻

文殊童子召集这众多菩萨后，心想："我还要召集数十万天人。"于是施展神变，化现出大如车轮的八百四十万俱胝那由他数的莲花，花瓣由黄金所成、花茎由白银所成、花台由珍宝琉璃所成。他又幻化出身色宛若纯金般具足大丈夫三十二相、威光赫赫、光明清净的菩萨在那些莲花台上跏趺而坐。

接着，那些莲花来到四大天王天，一直到色究竟天，对于大千世界十亿从四大天王界到色究竟天之间的欲界、色界所有天众，以妙音召唤、传扬、讲说、真实劝勉，那些菩萨身周游大千世界时这样说："如来日亲眷，偶尔出世间，犹如昙花般，佛陀极罕见。人尊释迦狮，彼现此世间，能尽诸痛苦，真实说正法。天界欲悦意，长久享受已，终将趋入于，受苦诸恶趣。依止诸欲乐，爱故极增长，转三界含生，安乐实非有。难得佛出世，获得闲暇已，不证无我者，痛苦永不尽，当为见佛尊，前往闻妙法……"（菩萨们）以具有深法义的偈颂，（告诉众天人）佛陀出世甚难，而今佛在宣讲空性深法，劝勉他们断除放逸前去闻法，以此欲界、色界九十九俱胝天子远尘离垢得法眼净，一万二千天子离贪，三百二十万天子发起菩提心，真实趋入菩萨乘的一万天子获得无生法忍。

无量无数十万天子刹那间来到释迦佛面前顶礼，立于一方，抛撒天花、天香后，在上空数数唱起天歌。当时，此四大部洲世界无处不遍布天

子的赫奕威光，甚至包括拄手杖的方寸之间，也密集布满数多天子，他们降下没膝的鲜花，遍满整个世界。

选择同行者，也不能马虎，要谨慎观察

尔后，善住慧、界贤、无垢、知惭宝四位天子，由真实趋入菩萨乘的九十六俱胝天人所围绕，来到文殊童子的住处，在其住舍外右绕七匝，撒下曼陀罗花雨。那些花雨依靠文殊童子加持，遍覆大千世界的上空，高十由旬，空中充满鲜花璎珞的光芒，遍照整个大千世界。文殊童子从住舍中出来，随心所乐，出现妙宝座，随即安坐其上。善住慧等天子们顶礼其足。

文殊童子心想："谁能与我一同到世尊前问答论议呢？如果宣说不可思议的因与甚深离戏无可言说的法界之基等，谁堪为法器呢？这位善住慧天子，曾承事过先佛，已获得甚深法忍，具有无碍辩才，他应该能与我同去请问、宣讲、解说法义。"想到这里，便对善住慧天子说："你具有甚深法忍，能否和我一道去世尊前请问、宣讲、解说法义？"

天子说："文殊，如果您不言说、不讲解、不说文字、不闻其声，我也当如是宣说。"

文殊童子说："天子，你不听闻、不执著、不受持、不讲说，我当宣说。何以故？佛道无字、无心、离心，唯以名宣说，名也无动之故。"

天子言："文殊，这些天子想于您前听法，请您宣说法义。"

文殊童子言："天子，我对于想听闻与受持者不说法，何以故？如果执著我与众生等，则成为欲求听闻……"通过宣说三轮清净之法，使一万天子获得无生法忍。

善住慧天子说："文殊，我们去如来面前吧。"

文殊童子言："莫行持分别心，我已取受如来。"

天子问："如来住于何处？"

文殊童子说："住于我面前……"

他们通过问答的方式，说明"若通达如来等同虚空的等性身则可见如来"的深义。

人外有人、天外有天，这不是天方夜谭

随后，文殊童子幻化出四角四柱纵广正等的楼阁，极其美观，令人见而生喜，（楼阁中有幻化的宝座，）遍满三万二千珍宝，以天界如意树的绸缎铺覆其坐垫，一一垫上都有幻化的菩萨，具足三十二相。文殊童子以威神力，令此楼阁遍行大千世界来到佛陀面前，对佛陀及众比丘转绕三匝，住于上空中显现出眷属坛城，与会大众对其四方围绕。

坐在莲花台上的那些菩萨和处于楼阁中的菩萨异口同声以妙音说道："恒河沙数不可思，数俱胝佛汝供养，寻觅殊胜菩提行，人中尊您最庄严。能仁妙相作严饰，胜身三有极昭然，导师宣说人与命，数取趣法皆无有。引导行持施戒律，安忍精进依禅定，您智不住于三有，智慧究竟汝前礼。法王天人供，世间师前礼，于空性信解，彼人世导师。过去诸如来，安住诸方佛，宣说无相法，恒修性无相。此自性众生，生死不可得，无来亦无去，诸法如虚空。如人显幻术，相于真性无，如来说诸法，如幻亦如梦。谁于恒河沙，世界作布施，有为空法忍，彼忍胜布施……"以此等偈颂赞叹自性光明甚深空性义，发出劝勉策励悟入其义的妙音，令在场的二万二千众生发起无上菩提心，五百比丘心无所取而解脱一切漏法，三百比丘、三千比丘尼、七千优婆塞、一千优婆夷、二万七千天子对一切法获得离垢法眼，三百菩萨获得无生法忍。于此大千世界，出现六种震动。

舍利子请问世尊："是谁的威力令此世界遍布大光明、大地震动等？"

世尊告言："文殊童子与善住慧天子今日同赴如来前，成办不可思议的佛陀之法，请教能破诸魔坛城的法门。"

舍利子白佛："世尊，文殊童子并不在眷属众会中。"

世尊告言："你稍坐片刻，文殊童子降伏诸魔坛城后，会以大庄严来到如来前。"

魔并非外表丑陋，只是心毒

此后，文殊童子入定于摧毁诸魔坛城等持，当即，此大千世界成百俱胝魔处变得黯然无光，所有魔身老朽不堪，只能拄着拐杖行走。所有魔女也是年迈衰老，各自的无量殿都陈旧破烂、漆黑一片。魔王波旬见状惊惶失措，绝望不已，毛骨悚然。众魔心想："是什么因缘让我们魔境变成这般状况？难道我们将从此死去，真的要一无所有了吗？"那些魔刚生起这种念头，即刻，文殊童子化现出十亿天子坐在他们面前，说："诸位朋友，这是不退转菩萨文殊童子入定于摧毁诸魔坛城三昧的威力所致。对你等毫无损恼，休要害怕。"

众魔听到此言，耳闻文殊童子的尊名后，更加恐慌不已，一切魔宫都开始震动。那些魔对幻现的天子说："诸位朋友，救救我们吧！"

化现的天子说："朋友，不要畏惧，你们到释迦佛面前吧。大悲如来能使一切有怖畏的众生无所畏惧。"说完就不见了。

魔王波旬带着数十万十亿老态龙钟、拄着拐杖的魔眷属，片刻来到释迦如来面前，异口同声地说："世尊，我们变成了这副丑陋模样，请救救我们吧，祈求善逝救护我们！我们宁可听闻十万俱胝出有坏佛陀的名号，也不愿听到文殊童子这一名号。为什么？听到文殊童子的名号，我们会恐惧、惊慌、害怕，想到死殁，想到化为乌有。"

世尊告言："波旬，的确如此。如你所说，文殊童子无别成熟、利益众生，十万俱胝佛陀过去不曾、将来也不会如此利益众生。因此，唯独传出文殊童子的名号会如此，十万俱胝佛陀的名号传出并不会令你们这般痛苦、毁灭。"

众魔请求世尊："世尊啊，我们身体如此衰朽，实在可怜、令人羞愧，请让我们恢复如初、容色圆满吧。"

世尊告言："在文殊童子来临之前稍坐片刻，他能使你们脱离丑陋。"

文殊童子从那一三摩地中起定，从座上站起，由众多菩萨围绕辅佐，伴有数十万天人、龙、夜叉、乾达婆、阿修罗、迦楼罗、紧那罗、摩睺罗伽，数十万铙钹发出妙音，莲花、青莲花等如雨而下，团团围绕着文殊童子。他以大庄严大游戏来到世尊前，顶礼世尊足，转绕三匝，落座一方。

摧魔的禅定功夫，让许多魔都发了菩提心

世尊对文殊童子说："文殊，你入定于摧伏诸魔坛城等持中了吗？"

文殊童子回禀："世尊，是入定了。"

世尊问："文殊，那一等持你是从哪位如来面前听闻的？你成就那一等持有多久了？"

文殊童子回禀："世尊，我听到并修行那一等持、成就那一等持时，世尊您尚未发菩提心。"

世尊问："文殊，你从哪位如来面前听闻那一等持并修行的？"

文殊童子回禀："过去不可思议又不可思议、无数又无数劫之前，我是在曼达罗花香如来前听到并修行那一等持的。"

世尊又问："文殊，你是怎么修行的？"

"世尊，菩萨若具足二十种行相，则可获得如是等持，何为二十？灭贪、灭贪心，如是灭嗔、灭痴、灭慢、灭嫉、灭覆、灭恼、灭想、灭见、灭分别、灭取、灭执著、灭相、灭有、灭常、灭断、灭蕴界处[1]，乃至灭三界、灭缘于三界之心。若成就这二十种相，则获得那一等持。

此外，要想获得那一等持，还要成就四法部类、六种异名……

世尊，继曼达罗花香如来之后，我于映蔽宝珠电日月光如来前成就那一等持。"

---

1 此处的意思是，在"灭嗔、灭痴、灭慢、灭嫉、灭覆、灭恼、灭想、灭见、灭分别、灭取、灭执著、灭相、灭有、灭常、灭断、灭蕴界处"的同时，也灭除缘取这一形相之心。如经云："所谓菩萨。破坏贪欲。破坏贪心。破坏嗔恚。破坏嗔心。破坏愚痴。破坏痴心。破坏嫉妒。破坏嫉心。破坏憍慢。破坏慢心。破坏垢恶。破坏垢心。破坏热恼。破坏热心。破坏想念。破坏想心。破坏见著。破坏见心。破坏分别。破坏分别心。破坏取著。破坏取心。破坏执著。破坏执心。破坏取相。破坏相心。破坏有法。破坏有心。破坏常法。破坏常心。破坏断法。破坏断心。破坏阴法。破坏阴心。破坏界法。破坏界心。破坏入法。破坏入心。破坏三界。破坏三界心。如是二十。"

文殊童子说此语时，在场的二万菩萨成就了那一等持。

世尊告诉舍利子尊者：“舍利子，对此你是怎么想的？如果认为唯有这个三千大千世界的魔变成了如是丑相，你不要这样看。因为依靠文殊童子的加持，十方恒河沙数佛刹中居住的所有魔都变成了这样。”

接着，世尊又对文殊童子说：“文殊，请止息这一加持，让这些魔恢复以前的容色吧。”

于是，文殊童子放弃了加持，即刻间，魔众的样貌恢复如初。文殊童子对魔王说：“波旬，若有眼与眼想，耽著眼、眼相、所取、执著、骄慢等，魔就有制造违缘的机会。如是耽著耳等、色等，有取舍等，魔也有制造违缘的机会。何者无有眼等一切执著，此众生则无有魔业妨碍，（魔对于这一境界）无主、无力、无自在、无力执持。”

如是说法，令魔眷属中一万魔众发起无上菩提心，八万魔众远尘离垢、得法眼净。

菩萨身材各种各样

此后，大迦叶尊者启禀世尊：“世尊，文殊童子既然已来到这里，我等想见那些菩萨，因为如是圣士难可得见。”

世尊告言："文殊，此等眷属想见十方云集的那些菩萨，你为他们显示吧。"

于是，文殊童子对名法菩萨、圣法菩萨、法慧菩萨、魔刃菩萨、妙吉祥菩萨、灭罪菩萨、寂护菩萨、胜护菩萨、法王称菩萨及其余菩萨说："诸善男子，您们在自己的佛土是什么样的菩萨身，就各自显出这样的身体吧。"

文殊童子话音刚落，那些菩萨即从等持中起定，显示出各自的身体。菩萨们的身体，有些等如须弥山，有些约八万由旬，有些是七万（、六万、五万、四万、三万、二万）乃至一万由旬，有些是五千（、四千、三千、二千）乃至一千由旬，也有些是五百（、四百、三百、二百）乃至一百由旬，还有些是五十由旬乃至一由旬，有些身体如娑婆世界的人身一样有三肘半左右，他们尽显如是菩萨身。当时，这个大千世界，甚至连拄拐杖（那么小）的地方，也无不遍布菩萨的赫奕威光、大威神力。那些菩萨的光芒，照亮十方十万俱胝佛土。

文殊童子从座而起，顶礼世尊，与众眷属请问世尊："世尊，何故名为菩萨？"

佛告言："文殊，为证悟诸法，故名菩萨。菩萨能证悟眼、证悟耳等色等自性皆空，然而不分别'证悟'……"如是宣说证悟诸法空性离戏的自性。

接着，文殊童子与善住慧天子以问答的方式请问世尊，首座眷属也请教、探讨佛说的深义。总之，烦恼、五种欲妙以及属于三界之法的一切法，因本来无生的缘故，文殊宣说以等性享用之义。菩萨智慧甚深善巧方便，通过宣说初学菩萨能生起的甚深无生法理，使三万二千菩萨获得无生法忍，五百比丘心无所取而解脱一切漏法，六亿天子于一切法远尘离垢、得法眼净。

当时，大迦叶尊者启禀佛陀："文殊童子通过说法利益这么多众生，实在难行。"

文殊童子说："我没什么难行，因为诸法无行，故我没有使任何众生束缚或解脱，众生不存在的缘故。一切有情，才是难行，一切佛陀未得，一切声缘未得也不会得，因为那些都是异生凡夫才得的缘故。一切佛陀未得的，是指我、众生、色等一切法。对此诸佛未行持、一切声缘未造作，那些都是凡夫们造作的，造作常断、结生、骄慢等。"

迦叶请问世尊："文殊童子是怎么获得无生法忍的？"如是从堪忍诸法无有所得等入手进行探讨，结果六万二千众生发起无上菩提心，一万二千菩萨获得了无生法忍。

此后，善住慧天子问文殊童子："如何地地跨越？"

文殊童子宣说了诸地无迁如幻，以密意之语作了不同程度的开示。

世尊赐言文殊童子“善哉”，说：“文殊，善哉善哉！设若宣说，当宣此语。”

文殊童子对善住慧天子从无自性之义着手宣说了甚深密意，其中讲说了（三十七）菩提分法与三解脱所缘、修行、不现行的深义。

在场的数千比丘心想：“世尊明明说过，现行三解脱与三十七菩提分法，将获得涅槃。文殊童子却对此遮破，怎么能这样宣说？难道不是（与佛语）相违吗？

文殊童子知道他们生起的怀疑分别，对舍利子说：“尊者你既然是智慧第一，那么离贪之时，有缘取、现行或修行四谛、三解脱、菩提分法吗？”

舍利子说：“文殊，没有，一切法无取无生，是空性而不现前的缘故。”

说此教言时，三千比丘心无所取而解脱一切漏法。

深法，听总比不听好

之后，善住慧天子与文殊童子通过问答的方式，探讨了一切本来无生无所得之深义。此时，在场约五百比丘没有通达而舍弃此法门，自身堕入有情大地狱中。

舍利子对文殊童子说："五百比丘因未通达而舍弃此法门，堕入有情地狱，还是不要宣说如此甚深之处了，应当善妙观察（此会大众），然后讲法。"

文殊童子说："舍利子尊者，你不要分别，乃至无有一法可堕入有情地狱，为什么呢？以一切法无生之故。你说我应善妙观察而讲法，但若有善男子或善女人依止我见，以一切安乐资具供养承侍恒河沙数如来及比丘僧众，时间长达有生之年，而另有一人不随一切世间之见，听闻空性等难知之深法，之后舍弃并堕入有情大地狱，后者将比前者更快解脱。依止我见而没有听闻此法者，即使承侍如来，也不能如此。"

世尊赞叹文殊童子："文殊，善哉善哉！听闻如此讲说，有如佛陀出世。同样，也有如证得预流果乃至阿罗汉。为什么？因为若依靠我见、有所缘取，不能证得此法。"

世尊告诉舍利子："舍利子，这些比丘将很快从那些地狱中脱离，趋入涅槃。而具愚痴、执有缘见之人，带有怀疑供养如来，则不能如此。舍利子，那种供养虽然成为涅槃之因，却不能迅速解脱，因为没有听闻如此深法。"

放不下沉重的思想包袱是大误区

善住慧天子问："文殊，你承认梵净行吗？"

文殊童子说："天子，假设不取梵行、不行梵行，我承认与您同行梵净。"

天子说："文殊，您以什么密意说此话？"

文殊童子说："天子，行取非行行取，即无所行，缘于梵行是行，无所缘即无所行。"

天子说："那么，文殊，您是不行梵净了？"

文殊说："天子，的确我不行梵净。我也并非不行梵净……"

他们以问答的方式，宣说了"缘于某法则不相应真实义、如果无缘则善入真实义"的道理。此外，又以密意宣讲了现似相违的词句，说明无生的深义。

当时，与会大众中有五位修四禅、得五通的菩萨，能出入等持，但仍不得法忍。他们忆起往昔杀父母、杀罗汉的宿世，念及残存的业异熟，心生忧恼，不能接受甚深义，唯依于我、分别我，无法压制嗔心。

为了调化他们，世尊加被文殊童子的心。文殊童子从座上站起，法衣披于一肩，右手拿着宝剑，以善妙示现，跑到世尊身旁。世尊告文殊童子："文殊，我已被杀了，已完全被杀了，放下吧！为什么？文殊，久远以来，何人若生起杀我之心，发心当下，我即已被杀。"

那五位比丘这样想："一切法如幻，我或众生等一无所有，父母、佛法僧也不存在，造无间罪也毫不存在。为什么呢？这位文殊童子是贤善正直的智者，为诸佛所赞叹称扬，堪忍深法，承侍众佛，如实说法，真实讲说，恭敬众如来，他竟然拿着利刃跑到佛陀身旁，佛陀也说'文殊，我已被杀了、已完全被杀了，放下吧'，假设佛陀等成立永恒存在，那么造无间罪就不会有出离。为什么呢？因为这些法无体非有，唯是颠倒执取。谁行如幻空性，所行也毫不存在。"五位菩萨通晓此理而获得了无生法忍，满怀欢喜、殊胜喜，腾空到七棵娑罗树高的地方，回忆自己的前世，以及如何证悟深义的情形，以偈颂赞叹世尊。

说此（文殊童子）持刃法门时，十方恒河沙数刹土出现六种震动。随后，安住于十方世界佛刹的佛陀出有坏的侍者各问其佛："是谁的威力令大地这般震动？"那些佛陀告言："娑婆世界的文殊童子，为调化众生而执持智慧宝剑利刃跑到释迦佛跟前……"接着，诸佛从智慧利刃入手如是说法，使无量众生眼清净、心解脱，生起法忍，趋入菩提。

当时，世尊加持在场善根薄弱、妄念繁多的初学者，不见验相、不闻此法。

如幻而幻化指明一切法如幻

随后，舍利子对文殊童子说："文殊，你因为要杀佛陀，造了严重的业，此业将于何处成熟果报？"

文殊童子说："舍利子尊者，的确，我若造了如此严重的业，那么真不知道成熟于何处。虚幻之人的业成熟于何处，我的业也将成熟于何处。为什么？因为虚幻的人也不分别、不思择，于诸法皆不分别、不思择。如此一来，我倒要问舍利子尊者，你怎么能接受就如此宣说。尊者，利刃、业、异熟可得吗？"

舍利子说："不可得。"

文殊童子说："舍利子尊者，既然无有利刃、无有业，也无有异熟，此业将成熟于何处呢？"

舍利子说："文殊，如果按你的意愿来说，此业不会成熟于任何处。为什么呢？因为诸法无有业与异熟的缘故。"

随之，十方世界聚集而来的菩萨启禀世尊："无论如何，请这位文殊童子到我们的佛土讲法，慈悲乐于前往为盼。"

文殊童子对那些菩萨说："诸位善男子，你们且观各自的佛土。"

他们定睛观望十方各自的佛刹，结果听到那些刹土传出文殊童子的妙音。文殊童子正坐在那些佛陀面前，并针对善住慧天子的提问而说法，同时见到那些刹土都聚集了与此同等数目的菩萨和天子。这位文殊童子于此（娑婆）刹土安住不动，竟然又在一切佛土中普皆显现，实在稀有、稀奇。他们都感到惊奇不已。

文殊童子对菩萨们说："诸位善男子，譬如幻师善于修学幻术，坐处不动而示现种种色，菩萨善学般若波罗蜜多也是如此，为了在如此多的佛刹中指示如幻诸法，才幻变出这么多幻化相。为什么呢？诸法如幻，应如是了悟。"

这一面镜子，有智慧的人会照自己

随后，世尊告言文殊童子："文殊，听闻此法门，有如佛陀出世。听闻此法者，有如证得预流果、一来果、不来果及阿罗汉。闻此法门心生信解，有如坐于菩提树下。"

文殊童子白佛："世尊，的确如此，这如同空性、无相、无愿、真如、法界、真实际、等性、解脱、寂静一般。"

文殊童子请求："世尊，无论如何请加持这一法门在未来后五百岁，令善男子或善女人得以耳闻、行持。"

当时，此大千世界天、人的所有乐器未经弹奏而传出妙音，所有妙树百花齐放，所有池塘出现许多莲花。这个大千世界出现六种震动，遍布大光明，此光令日月光也隐蔽不现。

数十万天人欢喜踊跃而随喜，立于上空，飘撒花雨、末香、烧香、涂香，传出众多铙钹、天歌的妙音，之后双手合掌，异口同声说道："奇哉，得见文殊童子说法，奇哉妙法，奇哉妙法，此世间又转了第二法轮！任何众生听闻此法门，闻而信受，善根不薄。听闻此法而不畏惧者，曾精进承侍过先佛而得深法忍。"

文殊童子启白："世尊，为加持此法门，才出现这些瑞兆，这表明未来此法门将得以行持。"

世尊告言："文殊，的确如此，为加持这一法门才出现了这些瑞兆。"

文殊请求道："世尊，为令这一法门久住于世，请世尊赐予谛实加持。"

世尊告言："文殊，若依靠一解脱门而得证涅槃，是谛实与谛实语，那此法门在未来后五百岁广行流布，也是谛实与谛实语。"

文殊童子说："世尊，若无我、无众生、无染净是谛实与谛实语，那么这一法门在未来后五百岁广行流布，也是谛实与谛实语。同样，愿依无贪等、无如来假立法、名，此教法与三世佛陀未说未闻未得未行无行、无解脱不解脱等谛实语，加持这一法门在后五百岁时，于赡部洲广行流布。"

此时，这个大千世界出现六种震动，弥勒菩萨请问世尊："这是什么因缘？"

世尊告言："弥勒，信解下劣之众生听后不能受持，则生怖畏，还是不要问了。"

弥勒菩萨再次请求："世尊，为利乐芸芸众生及善妙人天，请予以解说。"

世尊告言："弥勒，过去已有七百四十万俱胝那由他佛陀，于此地讲说这一法门，这都是文殊童子与善住慧天子请求的。"

弥勒菩萨请问佛陀："世尊，文殊童子与善住慧天子听闻这一法门已有多久？"

世尊告言："弥勒，如是善男子在三大阿僧祇劫前，于花圣狮子妙力功德蕴如来前听受这一法门。"

说此法门时，恒河沙数的众生发起无上真实圆满菩提心，其两倍数的众生获得不退转忍，其两倍数的众生于一切法远尘离垢、得法眼净。

烟花女子得以度化

《文殊游戏经》[1] 中记载：

---

1 《文殊游戏经》所摘内容，在汉文大藏经《大庄严法门经（卷二）》中有。

有一个叫妙金光的妓女，（因为宿世善根因缘，）肌肤金色，并能使所行之处与衣裳都成为金色，国王、大臣、商主等众人都喜欢她，竞相追逐。

一次，她坐在商主儿子晋辛雇的马车上，正前往乐园的途中，文殊童子为了调化她，身体发光映蔽了日月，衣服也发光遍及由旬，并由不计其数的众宝庄严其身。妙金光女感到自己的身光都逊色了，打算以引诱的方式和文殊童子共相嬉戏。

文殊童子以威神力令多闻天子化现为人的形象对她说："不要追求这个人，他是文殊童子菩萨。但他能满足众生的心愿，有求必应。"

女子心想："那么，我索求他这件衣服，他应该会给吧。"于是便索要衣服。

文殊童子说："如果你趋入菩提，衣服就给你。"

女子不解地问："什么叫菩提呀？"

文殊童子宣讲了无自性等性的意义，结果空中的五十万天子发起无上菩提心，跟随妙金光女身后的男女中有两百人也发起无上菩提心，六十天人和人获得清净法眼。

妙金光五体投地顶礼膜拜，受了戒，并以殊胜意乐发起无上菩提心，认识到烦恼无有自性而立誓千方百计调化众生，并从菩萨的无染法开始请教文殊童子，文殊童子也宣说了思择空性与具足善巧方便的深法。

当时，世尊在灵鹫山的树荫下，正和阿难一起散步，对文殊童子赐予“善哉”，声音遍布这个大千世界，大地出现六种震动，天、龙、夜叉等寻声集在世尊面前请问：“我等听到善哉的声音遍布这个世界，这是赐予谁的？”

佛告诉他们：“文殊正在为妙金光女说法。”

于是天等众生都云集到文殊童子面前。未生怨王等众人看见妙金光远离贪欲，诸根寂静，不再像以往那样贪恋她了。

舍己利他才是菩萨的出家

文殊童子问：“女子，你的烦恼放置在何处了？”

女子说：“一切烦恼住于法界，无生无破无转变，我已证悟烦恼的自性……”

文殊童子又宣讲了烦恼自性即菩提，妙金光也依靠自己累积善根的智慧宣讲“观色如水中月”等法，使一万二千众生发起无上菩提心，五百天、人获得无生法忍，三万二千众生获得清净法眼。

妙金光女也以欢喜闻法之殊胜功德，获得了相应法忍，之后在文殊童子面前请求出家。

文殊童子说："姐姐，剃头并不是菩萨的出家，为断一切众生的烦恼而精进，才是菩萨的出家……"以此指明"不贪自利、行持他利，即是菩萨的出家"之理。并说："女孩，你可乘坐马车，若能慈悯商主之子晋辛，使之成熟，那就成了您的出家及近圆戒。"文殊童子如是说法，并加持暂时不堪为法器的商主之子晋辛丝毫也听不到。

每个人都有自己的特殊因缘

（当文殊童子说此语时，）多数人产生"离贪者与具贪者怎么可能同行"的分别念。妙金光女知晓他们的想法，说道："诸位朋友，离贪的菩萨即使与有贪的众生共住也无贪染，并能调化具贪的众生。"同样又类推嗔心等讲了调伏烦恼的道理。

她在文殊童子足下顶礼，便乘着马车与晋辛一起去乐园玩耍了。

之后，妙金光躺在晋辛怀里，身体逐渐衰败、死去、腐烂发臭，所有孔穴流出血、脓，散发恶臭……显出诸如此类肮脏的本性。

商主之子晋辛惊恐万分，正在这时，依靠文殊童子的威神力，妙树中传出声音赐予他安慰，并劝他前往佛陀面前。见调伏他的时机成熟，如来也放射光芒照耀，使他舍弃了那个腐烂的尸体，到佛陀足前皈依。佛陀说

法，使他生起了随同诸法的法忍。

见到商主之子被调化后，妙金光由五百天女围绕，伴随铙钹、歌声来到世尊面前。

世尊告言："这位妓女妙金光，以往也是文殊童子令她受持圆满菩提的，这次仍是在文殊童子前获得相应法忍。这位商主之子晋辛，我以往也曾使他受持无上菩提，现今仍是在我面前闻法而获得相应法忍。此妙金光女，再过九百二十万劫后，于宝生劫，在宝生世界成佛，佛号宝光如来，（其国众生的）受用与三十三天等同。在那里，除大乘诸菩萨宝外，无有其他（声闻、缘觉）珍宝，那位如来寿命无量。宝光如来成佛之时，晋辛成为功德宝光菩萨，受持此如来的法藏。彼如来授记'功德宝光于我后成佛'，并授记他的佛号为发光。"由此世界出现六种震动，遍大光明，百千众生发起无上菩提心。

文殊菩萨通过这种方式调伏具贪欲者，其善巧方便实在不可思议。

魔王被紧紧束缚住了

《文殊神变经》[1] 中记载：

世尊在王舍城祇树给孤独园，与众多眷属在一起时，多光天子请问文

1 《文殊神变经》所摘内容，在汉文大藏经《佛说魔逆经（卷一）》中有。

殊："菩萨的魔业是什么？"

文殊言："天子，出现多少业，就有那么多魔业。受持多少邪愿并执为殊胜，有多少欲望、想、慢心、分别，就有多少魔业。此外，耽著菩提心与布施等，也是魔业……"以此宣说了真正超胜的善巧方便加行法，结果八千天子发起无上菩提心，五千菩萨获得无生法忍。

世尊赐予文殊"善哉"。

多光天子问文殊："您对如来赐予'善哉'感到欢喜吗？"

文殊说："就像幻化者对幻化者赐予'善哉'一样无有自性，因此无有贪执……"

宣说诸如此类的深法时，天子说："文殊，今日所讲之法（微妙超胜），因为不想见此情景，魔王波旬这次没来，真是稀奇。"刚说这话没多久，波旬就在上空幻变出浓云密布，发出巨大吼声，在场的人惊慌地想："这吼声是谁的？"

世尊告文殊："文殊，你见到波旬的变化了吗？"

文殊禀佛："世尊，见到了。善逝，看见了。"此时，文殊童子紧紧捆住波旬，令他坠在地上。

魔王大喊："我被紧紧束缚住了。"

文殊说："波旬，还有比这束缚更紧的东西，其实你恒常都被它束缚着，却全然不晓。是什么呢？是我慢、颠倒、爱、见之绳捆绑着你，而你却毫无知觉。"

魔王说："文殊，放了我吧。我会回到自己的地方，再不造魔业。"

文殊说："波旬，你必须行持佛陀的事业，否则怎么能放呢？"

魔王说："我本是对佛法制造违缘的，怎么行持佛陀的事业？"

文殊说："波旬，让魔行持佛陀的事业，是诸位菩萨方便和智慧的幻化。佛陀行持佛陀的事业并不稀奇，魔行持佛陀的事业才极为稀奇。"

再现如来的风采

随后，文殊加持魔王变作佛陀的身相，坐在狮子座上，具足佛陀的辩才。

魔王波旬说："诸位具寿长者，你们可以随意发问，我将予以作答，令你们心满意足。"

大迦叶尊者问魔王："波旬，比丘行持瑜伽，以什么为束缚？"

魔王答道："大迦叶尊者，耽著禅定味，贪执寂静等，将涅槃作心要想，认为轮回是要遣除的，这些就是行持瑜伽的束缚。为什么呢？并不是遣除见解以后再修空性，见解本性就是空性；并不是遣除相状而修无相，相的体性就是无相；并不是遣除愿而修无愿，愿的体性就是无愿；并不是遣除轮回而修涅槃，缘于轮回就是涅槃。大迦叶尊者，涅槃是不行想、慢心、相一切所缘，不由生灭中来，自性无生就是涅槃。”当他宣说此教义时，五百比丘心无所取而解脱一切漏法。

须菩提尊者问那些比丘：“诸位具寿长者，是谁调化了你们？”

他们答言：“其无所得，也无有现前正觉。”

须菩提又问：“是怎样调化的？”

他们回答：“安住实相的缘故，没有少许引导，也非无有引导。如实安住中了知，既无生起也无遮止，了知平等性，我们如是得以调化。”那些比丘说此言时，一千二百天子对诸法远尘离垢、得法眼净。

须菩提问魔王：“比丘如何是应供处？”

魔王答：“须菩提，若信奉无取无受，由一切信奉中普行时……”

舍利子问魔王：“世尊所说的无诤三昧是什么？”

魔王回答说：“安住于何等持极其灭尽的缘故，虽然灭尽也不行灭尽，自性无生，也不生起无生，于无所领受也不领受，了知一切法自性入定，了知而灭尽一切受入定，也见平等，一无所见，也无不见，这就是世尊所说的无诤三昧。”

目犍连问："比丘如何心得一切自在？"

魔王答："了知一切法是心解脱的法相，无有耽著，心方解脱，不缚不解，以了知心无色、无执、无住而知一切法无色、无执、无住，了知心的体性自性是万法的法界，法界的体性自性不随他转而获得自在，这就是具足胜解神变，心得一切自在。"

富楼那尊者问："比丘如何普皆清净而说法？"

魔王答："任何比丘虽然由他处了知一切法，然而对非他之心无所耽著，宣说一切法均为假立增益，了知文字言语音声、词句的一切道如空谷回响，视一切闻法者如幻人，身体也视为水月，知晓一切烦恼皆从分别妄念所生，也不为取舍、判断或获得某法而说法，四无碍解获得自在。所谓'无碍'是指无所希求无染而说法，自心自性清净，了知一切有情之心也是如此而见蕴魔空，于烦恼魔作虚假想，安住于死魔无生不生中，远离天子魔动摇及一切慢心，如此普皆清净而说法。"

优波离问："波旬，怎样才是持戒的比丘？"

魔王答："优波离尊者，任何比丘，了知一切法极其调柔，了知一切过失无有前际，遣除产生过失之后悔，了知客尘烦恼如云如水月般自性不成立，既不遣除烦恼，也不建立无染，非理作意如同黑暗与盗匪等，如理思择而了知无去无住，对有烦恼心的有情萌生悲心，当现前无我无众生时，就是真实持戒。”

以上这些声闻的提问，魔王对答如流，令其皆大欢喜。

魔说魔业应该是现身说法

其后，界贤天子对魔王说：“文殊已经宣说了菩萨的魔业，你也当勇于讲说。”

魔王说：“瑜伽行者依止并承侍欲求解脱、畏惧轮回，即是魔业。分别空性、舍弃众生也是魔业。分别观察无为法，厌离有为的善根，也是魔业……”如是宣说了二十种真正魔业。

世尊赐予“善哉”，并说：“何者听到这些魔业而断除，能获得大慈心等成熟菩提的二十法。”

界贤天子说：“魔王波旬，世尊赐予你‘善哉’，是善得善得。”

魔王说：“我善得什么？就像鬼附人身讲说一样，我也是依靠文殊加持力而宣说，并不是自己的能力。”

天子问：“波旬，你现佛身、具足佛的辩才，坐在狮子座上说法，高兴吗？”

魔王说：“你看我相好严身，可我知道自己被紧紧束缚着。”

天子说："波旬，你请文殊童子宽恕，就会得以释放。"

依靠文殊的威德力，魔王说："趋入大乘的大菩萨无需请求原谅。因为他们没有烦乱或嗔恚。"

天子问："菩萨们的安忍是怎样的？"

魔王宣说了非为虚假意乐等十二种安忍。

天子又问："波旬，假设你得以释放，欢喜吗？"

魔说："我欢喜，非常欢喜！"

当时界贤天子请求文殊："放了魔王波旬吧，让他回到自己的地方。"

文殊对魔王说："波旬，是谁束缚了你，从何解脱？"

魔王说："文殊，不知是谁束缚了我。"

文殊说："波旬，你对本无束缚而作束缚想，同样，所有凡夫异生也是对无常起常有想，如是起我想、乐想、净想、五蕴想。波旬，你如果被释放，从何处释放？"

魔王说："我从何处也不得释放。"

文殊又说："波旬，彻底了知如此解脱也非真实之想，除此之外从何处也无有解脱，彻知这些就是解脱。"随后文殊收回加持，波旬也恢复了自己的身相。

大迦叶尊者对魔王说："你行持佛陀的事业，善哉。"

魔王说："这不是我的境界，是文殊童子的境界。"

句句是真言

界贤天子问文殊："佛陀的事业当于何处寻觅？"

文殊告诉他："天子，佛陀的事业当从一切有情的所有烦恼中寻觅，原因是，如果有情不被烦恼折磨，那么佛陀也不会显现事业。"此外还宣讲了"为了断除生、老、病、死，佛陀才现世，如来证得菩提后没有产生何法，也没有灭除何法，因为一切法都是无生无灭。所谓佛陀出世，是体性无生之意；不以有缘之见行持任何法，就是菩萨的意乐圆满；不贪著内外的一切法，是殊胜意乐圆满；舍弃一切烦恼而不舍有情，就是布施圆满……"

其后，魔王波旬痛苦、忧伤，泪流满面地说道："何处若行持这一法门，那就无有诸魔的余地。受持此法者，将避免一切魔业。"说完就杳无踪影了。

如此以大嗔心大嫉妒激起具有我慢的魔王波旬也无法制造违缘，宣说极其甚深大乘而成办佛陀事业的这种菩萨，其善巧方便和力量实是不可思议。

耳闻般若法门，即使起邪见也会很快解脱

《大乘文殊安住经》[1]中记载：

文殊童子于五百比丘的住处次第巡行时，来到舍利子的住舍，看他正在禅修，就和舍利子关于禅修展开话题。在讲到“一切法无所得”的甚深真如时，在场的五百比丘从座而起，说：“我们不想见到文殊童子的身体，不想听到文殊童子的名字，任何地方若有他在，我们都应离开，为什么？本师明明是现量的（清净），文殊却说染净是一体，他说的不是正法。”他们出口不逊，讥毁着就要离开。

文殊说：“五百比丘如此说，善哉！为什么？因为文殊童子非有，故不可得，（因为不可得，）所以不能被见到、听到。如果他不可得，那么他的住处也没有，如此也没有什么地方是他所在之处。”

那些比丘听到此话，又返回来说：“文殊，我们不明白你这样说是什么意思？”

文殊说：“比丘，善哉，善哉。本师的声闻弟子应如是学……”他对这些比丘解说了（诸法）无了知、无所知，这一法界是安住性、不可得等，

1 《大乘文殊安住经》所摘内容，在汉文大藏经《佛说文殊师利巡行经（卷一）》中有。

使四百比丘心无所取而解脱一切漏法。但另一百比丘的心更加烦乱，身体堕入大号叫地狱。

舍利子对文殊说："你要保护众生，不要这样说法。一百比丘已白白毁掉，真是可惜。"

世尊告言："舍利子，不要说这种话。那一百比丘刚一接触大号叫地狱，瞬间就会转生到兜率天。他们如果没有听闻此法，无疑会趋向有情地狱，待业力穷尽之后方可投生为人，而依靠此法，只要少分感受本应于数劫中感受的有情地狱之业，之后便成为弥勒的首座眷属，证得阿罗汉果。带着怀疑听闻这种法门也是殊胜的，而获得禅定、四无色定、四无量，则不能如此。如果没有听闻这一法门，无法从轮回中解脱。"

舍利子对文殊说："您为成熟有情，善说此法门，真是稀奇。"

文殊言："真如、法界和有情无增无减，非染非净，一无所得，不住不灭，这就是菩提、解脱、涅槃。"

世尊也如是赞叹了文殊所讲，并宣说一切法唯句假立，无所得。结果十万众生远尘离垢、得法眼净，五百比丘心得解脱一切漏法，色界的八万天子发无上菩提心，获得圆满菩提授记。

纵然是以愚痴而舍弃深法者，文殊童子也能直接或间接成熟他们。以这些佛经为主的经藏中，都讲述了文殊童子依靠请问如来、与其他菩萨研讨、与诸声闻相互问答、为天人和人类众生说法等种种方便来成熟有情，其无边事业在经藏中有再三提及。

大智妙吉祥，诸佛所称扬

《文殊根本分别经》中记载：

世尊在净居天上空与菩萨会众一起安住。文殊童子宣说菩萨的神变与咒力时，如来白毫发光，经过东北方百千恒河沙数世界，劝请在具花世界花生王君如来面前安住的文殊童子。文殊童子入于三摩地，使四方无量无边一切处真实充满佛陀。那些世界的所有佛陀都说："佛子，善哉善哉！入定于这种三昧，声闻、缘觉、入行菩萨及住十地者也无法做到。"随后，文殊童子伴着神变游戏，带着无量庄严供品，来到释迦世尊足前顶礼并赞颂。

世尊对文殊童子说："请显示一下你的咒力。"

于是文殊童子入定于真摄诸佛加持光明庄严菩萨三昧中，即刻间，光芒遍照恒河沙数世界中从色究竟天直至无间地狱，消除了一切有情的所有痛苦，并在真实劝请声闻、缘觉、菩萨、佛陀出有坏后，那束光隐没于文殊童子头顶。无量刹土的如来、菩萨和声闻眷属聚集，如来、菩萨、顶髻如来、作明佛母、作明王如来，如来部、金刚部、莲花部及缘觉、声闻乃至普通众生的眷属大众，从无量无边刹土一一汇集过来，带着神变显示无边密行和事业。

世尊亲言："能仁月已落，地上成空无，安住此世轨，宣示佛教义。文殊恒善妙，诸鬼前童子，尔时佛事业，显示于世间。君王之威力，长久欲求者，一闻亦解脱，恒常彼成就。"又云："童子遍行直接利，未来世间行饶益，为利群生善宣示，住解脱智清净处。真实悲悯忍利心，恒常慈爱乐布施，彼等常时得成就，呜呼余者无成就。恒常喜信殊胜密，受持教轮文殊胜，彼降魔众转法轮，受持此轮是种姓。其语善妙且合意，恒常远离凡愚人，合意善妙且悦耳，喜乐听闻及随顺，心能满足施安乐，文是佛陀真实语，彼等如来之殊胜，不能了知其威力。彼佛子入如是地，出世间之十地者，世间殊胜自在天，非能了知能仁汝。行色无色住地者，具欲天人由意生，瑜伽成就世间中，超胜一切人中尊，何者了知彼殊胜，任何众生皆非有。彻知汝之此殊胜，名文是慧是佛陀，思择所谓文殊名。汝名是由先佛作，如是取汝之名称，过去未来现在佛，不散他外一缘心。眷属之中闻汝名，彼得知此获寂静，解脱得胜大菩提，无余成就诸密咒。尤得有情最胜生，恒常正住第一法，断除障碍得成就，无余成就所欲咒。速往菩提树王下，获得殊胜大菩提，复住于彼利有情，善转佛陀菩提轮。如是佛尊说功德，忆念文殊汝之名，佛说功德不可思。先逝一切如来尊，恒常宣说汝威力，思量清净童子汝，无数劫恒宣不尽。文殊汝之咒行为，佛陀无余尽宣说，遍行一切此童子，于我教中示人尊。安住净处之士夫，于此无余成寂灭，汝之密咒永不离，汝之密咒永不失。”

这里的“童子……”就是指文殊菩萨，他以童子相遍及一切刹土，成办未来有情利益。“真实悲悯……”是讲修密宗行者的殊胜功德。“其语……”是讲文殊说法的功德，以悦意的梵音语宣说法藏，由此共称文，这些功德的边际，如来之尊或者第一如来们显现上也不了知，同样，住十地菩萨一切出世者，世间超胜的自在天、三有之天、瑜伽士及声闻、缘觉的有情谁也无法了知文殊你的殊胜功德，唯佛了知。由于（原经文）翻译较乱，因此必须了解意义的关联。

“文殊……”是讲一切佛为他取名文殊，心清净、不散乱的有情在佛陀的眷属中才能听到，而余者难以得闻。耳闻文殊名号的功德利益，在即生中一切吉祥，消除一切违缘障碍，究竟获得无上菩提。如此略说之后，又再度宣说，仅仅听闻其名号，将成就一切密咒，生生世世远离恶趣，获得殊胜生处，恒常安住于真实善妙的一切殊胜功德法中，不遭遇魔缘而获得悉地，无余成就自己心中所想的密咒，成就持明者，这是暂时的功德利益。究竟前往菩提树王下，为利益一切有情安坐那里，即刻现前无上菩提，大转佛陀菩提的同类法轮。佛尊宣说了文殊名号的功德。佛陀说，简而言之，只是忆念文殊你的名号，也有不可思议的功德。

“先逝一切如来尊……”的意思是指，过去诸佛也曾详细宣说了文殊的威力和功德，由于你的咒语和证悟无量，因此，即便在无数劫中也说之不尽。三世无余一切佛陀都不同程度地解说了。恒常远离老衰、具智慧身的这位文殊童子，能普行、能照亮三世的一切佛土。释迦王我的这一教法中，文殊你也是显示人中之尊菩萨相而利益有情，虽然安住清净处不可思议的圣众都于寂灭法界中涅槃，而文殊你的密行，于三时中也永不离去、永不失去。

以简单易懂的词句组成偈颂，“彼等如来之佛子，住于十地出世者，世间第一自在天，不能知汝妙能仁。”“尽皆了知文殊你，此是遍知是佛陀。”“如是思量汝之名，不散一缘清净心，过去未来现在佛，眷属之中闻汝名。”

此外，又言：“时之此末际，必定成密宗，彼以能仁王，思择童子者，大智文殊尊，具足童子相，遍行此世间，摄受有情众。尔时文殊尊，成就得善现，了知流星术，尔时得现世。二十七星宿，须臾尽宣说。彼之时末际，亦有十二宿，依于群星已，区分彼等曜，一切成各别，文殊各自行。”

又云：“释迦狮子佛，圣教湮没时，难忍大恐惧，尔时得成就。”“是故一切时，文殊童子汝，彼时即调伏，随行罪业王。汝神变难思，所化亦难思，无余诸魔众，皆为彼调伏。佛陀勇士说，大光明文殊，住净居上见，二足尊佛陀，言彼最胜语，历经多劫时，汝将圆正觉，无等不可思，无数尢等同，佛号为文幢，成佛现世间，恒常亦次第，尔时行佛业，解救群生已，趋入于涅槃。”

一切文武圣尊，无不是您所现

前译密宗法部《大勇心钉续》中云："圣中文殊尊，天女中具光，此二余悉地，持明亦消失。我腹出三有，如何成寂静，寂尊皆我身，如何变忿怒，怒尊皆我身。"

《金刚藏庄严续》中说："能赐佛本智，诸佛第一智，共称名文殊，唯一修行此。智慧成无垢，尽说一切论，前存诸自在，一切密咒王。自同一切王，一切持明者，至菩提彼岸，自在大安乐，诸法功德最，一切金刚持，抑或一切佛，普行尚获得，何况余悉地？水银摄生术，足行最无垢，丸药及隐身，一切悉赐予。此胜文殊尊，第一法语生，一切佛梵音，共称名文殊。唯一修行此，意乐诸圆满，诸佛尚稳至，何况余天尊？"

此外，《三界尊胜分别续》中简明扼要地宣说了明咒王"阿绕巴匝那德"的功德。以此为主，有关寂猛文殊咒语的许多稀有功德，在新旧续部中都已再三明说。

香巴拉的法王

《吉祥时轮续》中记载：

赡部洲著名的六圣地之中北方香巴拉境内殊胜庄严，十地大菩萨们持国王相接连出世，第一位国王妙月是金刚手的化现，出有坏亲自受身吉祥时轮，宣说一万二千根本续。自此经过七代国王，到了第八代，至尊文殊以法王妙吉祥称的形象出世，对于国境受持婆罗门吠陀教义等的各类仙人，授予无上金刚乘灌顶，作为胜乘一种。在妙吉祥称国王期间，形成了“法王”这一名称。

法王妙吉祥称，结集《根本续》的意义造了《五品略续》。《大略续》云：“具德释迦族中，七代人君，第八代称者，即是文殊金刚第一尊，金刚部，赐金刚灌顶后将一切仙人种族合为一种族，登上真实乘，震慑非天类，妙吉祥称手持短矛，为一切有情解脱而于人间开显时轮法门。”此续的《智慧品》中言：“法王称，于婆罗门日车说法，世间自在主，安住三有之处业力之地的杲日，奇哉！赐予一切有情正道，夺去地狱恐惧，永非其余天尊。”

如婆罗门日车所赞叹：“您虽老衰终是童子如来之子初佛即是您，享受女人亦具梵行殊胜大悲世亲阎罗敌，您虽寂静然以妙金刚夺死畏您恒是怨魔敌，您虽解脱而为成熟众生称尊您普入此世。”

法王妙吉祥称之子——观世音菩萨的化身白莲法王，对《略续》作了《无垢光广释》。

从国王妙月算起第三十二代，从妙吉祥称法王算起第二十五代时，真实的至尊文殊国王妙吉祥称将再度现身勇武轮的形象，摧毁边陲邪宗。

《略续世间品》云："三十二代成非天敌，人寿百岁成为手持轮。""期间二十五代次第计算之末际，法王种姓天王天尊顶礼轮王出于世，寂相乐赐正士消灭边陲野蛮之种族，坐骑石马具轮手持短矛击中敌人威光奕。"

勇武轮法王统领大军与十二大天的援兵，在赡部洲整个南方一带，以暴乱的形式无余扫除邪宗，弘扬光大总的佛教及金刚乘。其子仓巴执掌香巴拉国政，旺波于赡部洲做其他国王，弘扬妙法，使人类福寿安康，与日俱增。法王本人到了香巴拉宫殿后，以证得大手印的方式，使凡是与时轮法门结缘的众生趋向安乐处。前面教证云："军兵战场消灭边陲邪宗遍入勇法王，轮尊前往革拉夏山天人所造之城市，彼时大地人类正法所求财物悉圆满，五谷生长野外沉甸果实压树干。边陲野蛮群体附近人类灭绝人寿至五十，法王天造高高宫殿格拉夏背成就……"其中作了广说。

以此为例，文殊菩萨以各种形象在等同虚空的一切刹土中，如水月般显示无边幻变游舞，对此要生起恭敬之心。

您是一切如来智慧身

《黑大威德续》中记载："世尊现证菩提时，魔为了障碍大能仁而发动大军。世尊入定于克胜大魔三昧中，身语意金刚中出现忿怒大威德，对金刚手说：'你也作这样的忿怒相，摧破、束缚、了悟魔等。'此续也由金刚手秉持。"

《大威德传》中云："度南方海岸，后至阎罗城，十六忿怒尊，镇压十六座，无门之铁堡。依一缘智相，践中大铁堡。尔时胜大魔，哈哈呵呵吼，是故法王等，指向尽宣说，大勇士何为？我作勇士需，我等之命心，如供勇士纳。"

前译法部《圣文殊无垢密续》中记载："往昔，于水轮之下风轮之上，有十七座无门阎罗大铁堡，砍杀之业与猛烈嗔恨力所形成的黑阎罗塔雪谢瓦革热，他的妻子名叫地灿那波，二者作为一切饿鬼的主尊，将一切众生写入黑牌，他们食肉饮血，居于三有中央的室内。他们二者的幻化法王等四大业阎罗王，听命于这四者的阎罗有夏桑等四位，他们与另外世间八部鬼神眷属一起毁坏世界。出有坏圣者文殊从法界中现身，入定于制伏鬼神三摩地，即刻变成大猛怒尊说道：'由纯金色中，现密陀僧色，青莲标帜现，阎罗黑棍指，寂静文殊身，化现大威德。'"又说："如朗德姆在左、诶嘎匝哲在右，环抱佛父佛母无二的眷属四尊阎罗王及佛母，十六尊护方阎罗王佛父佛母，四门母等不可思议的眷属，显示威风凛凛的身相，入定于震慑三界三摩地，使整个世间界极度动摇，脚踏死主城，以八口恶蝎严饰，从处所引出，夺取业阎罗的命心，所有阎罗供上自己的命心祈求宽恕，发誓在最后五百年承担护持佛教的事业。"

属于前译法部的《大威德王续圆光品》中云："怒名大威德，剑炽如火旋，具足威猛力，见之余怒尊，皆失手中刃，如是世间神，悉皆身顶礼，亦有作合掌，畏惧多赞叹……"

从了义来讲，文殊菩萨是三世一切如来的唯一智慧身，微妙的诸部遍主。《赞歌品》云："世尊智慧身，大顶髻语主，智身自然生，文殊智勇识。"《密咒品》中云："智身主佛陀，三世佛住世。"又云："第一持三身，具佛五身体，遍主五智主。""能生一切佛，第一妙佛子。""诸佛身之最。""行三世佛业，佛陀无始末，初佛无偏堕，无垢一智眼。""诸佛大君主，持诸佛之身。""诸佛之大心，安住诸佛意。诸佛之大身，亦是诸佛语。""持遍知智藏。""诸佛之化身，俱胝无量现。""持诸佛自性。""诸佛所证悟，无上佛菩提。""诸佛大精藏，持异幻化轮。""持佛幻化续，十方种种化。""超越诸比喻，知所知至尊。""行至三出离，清净之胜义。""礼佛菩提您。"……

《珠咒义续》中也说："一切如来之智慧身文殊普皆清净而摄持。"前译法部《文殊幻化网后续》中云："此文殊是圆满身，不共无二周遍法，三世正等诸佛父，法界佛母显佛子。"又云："空性无触任运成，诸义圆满无取舍，自性安住文殊尊，不可思议不住思。文殊功德圆平等。""文殊圆满智金刚，此幻化网之宝轮，不住轮回与涅槃，金刚之顶无思修，安住界性普安住……"

我们要按照这其中所说，通达无二自然本智身一切能知与所知以平等性、三世一切如来诸部遍主了义文殊童子的自性，从而生起不退转的信心。

文殊菩萨传第一品终

观世音

菩萨传

顶礼、供养、皈依大悲观自在菩萨摩诃萨！

这位大圣者的功德更是不可思议。

这种威神力，为大慈大悲的观自在所独具

《佛说大乘庄严宝王经》[1]中记载：

观世音菩萨入于有情无间地狱的炽燃铁室处，当时那里顿然变成清凉无比、铺盖莲花的池塘。见到令有情解脱的这种威神力后，阎罗法王赞叹不已。

随后观世音菩萨到了饿鬼前，使那里变得凉爽，众饿鬼都心怀慈爱，断绝了一切痛苦。观音十手指、十足趾涌出大河流，所有毛孔中也涌出瀑流，使所有饿鬼得以满足、远离一切苦楚，借助《佛说大乘庄严宝王经》音声的传出，依靠智慧金刚摧毁萨迦耶见，令他们往生到极乐世界。

观世音菩萨每一天能成熟成千上万俱胝那由他数刹土的有情，他这种

---

1 《佛说大乘庄严宝王经》所摘内容，在汉文大藏经《佛说大乘庄严宝王经（卷一）》中有。

大威力，诸位如来也不具有。他的眼中出现日月，额头出现大自在天，肩膀出现梵天，心脏出现大力神，牙齿出现妙音天女，口中出现风神，双足出现地神，腹部出现水神。观世音菩萨所到之处，花雨纷飞、池塘流淌、妙树繁茂等，呈现出各种各样稀有奇妙瑞相。观世音菩萨显示能调化有情的如来、声闻、缘觉、梵天、人、非人等种种身相，使芸芸众生得以成熟。观世音菩萨的这种行境，甚至如来也不具有。

随处现身，无所不化

此外，他在位于这个赡部洲金刚藏洞穴的所有非天前，示现非天的形象说法，使他们往生极乐。其后，他到金地所有倒栽行众生之境域、银地四足有情之境域、非天朵玛之境域说法，把他们摄受至不退转道。他又到漆黑一片的夜叉、罗刹境内讲经说法；接着在净居天化现为婆罗门，以正法和财物调化了贫穷的妙严耳天子；随即在斯里兰卡洲的诸罗刹母前化现为欲妙相，把她们安置于正法中。他在附近的大坏城粪坑内成千上万类昆虫前化现为蜜蜂的形象，发出“顶礼佛陀”的声音，结果它们变成了妙香菩萨，往生到极乐世界。之后，他在位于玛嘎达荒野相互啖食的众生前降下食雨，听到它们的赞叹而心生欢喜。

观世音菩萨入定于“辨别”“光明”等诸多三摩地，他的每一毛孔都安住百千等持。观世音菩萨的这种福德资粮，甚至如来也不具有，更何况说菩萨了？往昔，在除迷信如来前，普贤菩萨入于上擎金刚等持中，当时观世音菩萨入于离散三摩地；普贤菩萨入定于妙月目等持时，观世音入定于妙日目三摩地等，以诸如此类的许多三摩地分散，普贤菩萨对观世音菩萨说："善男子，您的这种大勇实在善妙。"除迷信如来对普贤菩萨说："善男子，你仅仅见到了观世音的少许威力，像观世音那样的大勇威力，连如来也不具有。"

这是一尘中有尘数刹的境界

释迦王世尊告言除盖障菩萨："观世音的福德资粮我今不能广说，如果略说其一一毛孔的功德，他的金毛孔中有百千俱胝那由他乾达婆，他们不为痛苦烦恼所害，安住于正法，通过如意宝而成办心愿。

过此又有黑毛孔，其中住有数百千俱胝仙人，他们具足一通乃至六通。在此毛孔中，有白银大地，其上有黄金为山、白银为峰、由红莲点缀的七十七座山，山中一一安住着八万仙人。其间有树身红色、树叶由金银所成的如意树，及七宝池、其余如意宝等种种庄严所点缀，天衣、珍馐、妙香随其所念而现，法音流布，具有此类众多功德。

此外，他的珍宝耳饰毛孔里，安住着众多美丽的寻香女，无有贪爱等的折磨，依靠忆念观世音的名号，就会出现所需的一切物品。

他的毛孔，如虚空界般无有边际，也无障碍。普贤菩萨用十二年遍行于观世音菩萨的毛孔，也没有见到其尽头。住于一一毛孔的普贤菩萨尚且见不到，更何况说其他菩萨了。观世音菩萨的自性身体，甚至如来也见不到，更何况普贤菩萨等诸菩萨了。

他的甘露滴毛孔，是天子、安住一地至十地菩萨的所在处，具有山峦、宫殿、河流、如意树等无量庄严。他的金刚门毛孔里，住有许多紧那罗。日光、根王等毛孔，都有各种无量庄严。持观世音菩萨名号和六字大明咒的人能转生到那里，不再流转轮回，乃至涅槃之间，一直辗转住于观世音菩萨的毛孔中。

他的福德连一切佛也不能尽数

此外，观世音菩萨的右脚拇趾中出现四大海洋，深不可测，马泉河[1]流淌，诸如此类，观世音菩萨的加持不可思议，成熟无量有情，并把他们安置于菩提道。

往昔，具髻如来告诉宝手菩萨："在天界数劫中用妙衣、神馐、资具承侍恒河沙数如来的福德，与安住于观世音一毛孔尖的福德相等；四大部洲

1 马泉河：四河原之一，从冈底斯山主峰附近流出的四大水源，东面象泉河为恒河之源，南面孔雀河为信度河之源，西面马泉河为缚刍河或雅鲁藏布江之源，北面狮泉河为徙多河之源。

一年十二个月中大江流淌的水滴、大海中的水滴以及位于四洲的野兽猛兽等的毛孔可以一一计数，而观世音的福德资粮不可胜数；用纯金制造极微尘数的佛像后每天用舍利装藏的福德，与西日夏巴树林的叶子可以计数，而观世音的福德不可胜数；山王及铁围山等用秤可以称量，而观世音的福德不可计数；赡部洲的所有男女变成执笔者，无量无边的山王变成桦树皮，大海变成墨汁，所书写文字的每一点，可以计数，而观世音的福德资粮不可计数。譬如，对等同十二恒河沙数的如来，用妙衣、珍馐、卧垫、良药一切资具承侍的福蕴，与安住观世音一根发尖的福德相等；将四洲所有男女安置于阿罗汉及缘觉菩提的福德，与安住观世音一汗毛的福蕴相等。与我相同的一切佛陀聚集一处，尚且不能计算观世音的福蕴，更何况唯我一佛了？”

为了六字大明咒历尽艰辛，嗡吗呢吧美吽

世尊告言：“受持观世音菩萨摩诃萨的名号稀有罕见，他的六字大明咒，一切如来在十六劫中前去寻觅，一切如来之大佛母也顶礼此大明咒。持诵六字大明咒者，会获得无量福德。念诵时，等同极微尘数的如来与菩萨云集，其身体一汗毛也有俱胝佛陀安住，并赐言：‘善男子，你善得（如是大明咒），位于腹内的一切含生也将成为不退转菩萨，善哉。’天、龙、夜叉等予以保护。谁的身体上系戴六字大明咒，就变成金刚身，能辨别佛陀

的智慧，圆满辩才、智慧、慈心、波罗蜜多等一切功德，迅速成就无上菩提佛果。凡是接触、现见六字大明咒的一切有情，都成为最后有菩萨。此大明咒能断除轮回的根本，趋入解脱与遍知。勤于此者，赡部洲遍满四宝可供养于他。假设有人想缮写而需要墨，我愿以血作墨汁、以皮当纸、以骨作笔，供其缮写，因为这是无上之举。念诵此大明咒者，将获得持宝等一百零八种三摩地。何人仅仅忆念也能清净一切罪业，持诵一遍的福德无法比喻，一切极微尘数能够数尽，大海之沙能够数尽，五百由旬高、一百由旬宽的室内密密麻麻装满芝麻，每过一百年取出一粒，（经过的时间）能够数尽，而持诵此大明咒的福蕴不可胜数。如是，赡部洲所有粮食成熟的数目、恒河等十一大江河——有五百支流昼夜不停地流入大海的水滴、所有野兽猛兽毛的数目，可以数尽，金刚铁钩山王高九万九千由旬，向下八万四千由旬，四面各有八万四千由旬，每过一劫后用斑毛草布擦拭一次，终有一天能够穷尽，然而诵一遍六字真言的福德不可胜数。如是，用发尖测量大海的水滴、一年或十三个月期间昼夜不间断降下大雨的水滴能够计数，而诵一遍六字真言的福蕴不可胜数。住于赡部洲的所有男人女人、童男童女安住于七地菩萨的福蕴，不及诵一遍六字真言的福德大。俱胝数如来在一处于天界的劫数中宣说也无法计算六字大明咒的福蕴，更何况说唯我一佛住于此世界了。缮写六字真言，则为缮写八万四千法蕴。嗡吗呢吧美吽！用天金制造等同极微尘数的佛像后每天用舍利装藏的异熟果报，仅仅是六字真言一字的异熟果报。系戴这般不可思议的六字真言，即便行为和戒律如何失坏也不会被一切烦恼所染，这是无毁金刚语、无上智慧语、一切之精华。”

释迦牟尼如来对除盖障菩萨说：“善男子，为求此六字大明咒，我曾经去往等同极微尘数的世界，承侍过数百千俱胝那由他佛陀，可是在他们面前没有听到。后来在红胜佛面前，泪流满面，佛陀告言：‘善男子，不要流泪，到妙莲花如来前，他知晓此大明咒，去吧。’依佛言教，我前往顶礼那位佛陀，合掌禀佛：‘我知道仅仅随念六字大明咒这一名称就可清净一切罪业，菩萨难得听闻，为此我赴往许多世界，也没有得到。’妙莲花如来详细赞叹六字大明咒，并说：‘善男子，我也曾前往数百千俱胝那由他世界而在无量光如来面前合掌，自然流泪，阿弥陀佛（无量光佛）告言观世音：善男子且看，妙莲花如来为了六字大明咒，去了数百千俱胝那由他世界。善男子，请赐予六字明咒王。’虽然成为如来，但也为此无处不去。随后，观世音菩萨将连同坛城仪轨的六字大明咒王授予妙莲花如来，当时，大地及大海震动，诸魔、夜叉纷纷逃避。妙莲花如来舒展象鼻般的妙臂，将百千珍珠璎珞供养观世音菩萨。观世音接受后献给无量光佛。阿弥陀佛（无量光佛）接受后又供养给妙莲花如来。妙莲花如来得到六字大明咒后回到莲花世界。善男子，往昔我也是在妙莲花如来前才听到此明咒。”

菩萨就在你我身边

除盖障菩萨启禀："世尊，我在何处才能得到六字明咒？"

佛告言："善男子，在此附近的大坏城，有个持六字明咒的法师。持六字明咒的法师极为罕见，你将那位法师当视如佛陀，当视如众生的福德蕴，当视如无颠倒语、珍宝堆、赐微妙的如意宝珠、宝藏、众生之救度者。善男子，那位法师失坏戒律，不护行为，由妻子儿女围绕，袈裟也是肮脏不堪，但见到他的行为，你不要生疑惑心，否则会由菩萨地堕入恶趣。"

除盖障菩萨由数百千眷属所围绕，携带各种供品前去附近的大坏城，在那位法师足下顶礼，虽然见他失毁戒律、不护行为，但仍然供养伞、装饰、涂香等，双手合掌赞叹道："奇哉，领受法藏、积累甘露藏等同大海般的您，深不可测……"

那位法师说："善男子，您不要生后悔心。朋友，烦恼能产生贪行、轮回之相及众生轮。了知六字大明咒者，不被贪嗔痴所染，如同赡部捺陀金不为垢所染。"

除盖障菩萨握着他的双足说："但愿成为盲者的明目，指示正道，我渴求正法，愿以法味满足……"祈求他赐予六字明咒。

那位法师赞说："六字大明咒王是稀有语、金刚语、金刚不坏语、无上智慧语、无尽智慧语、无上语……此外，少许念诵六字大明咒，也相当于宣说十二部大乘法藏，获得寂灭解脱。如同地里的果实作为精华，其余瑜伽好似糠秕，一切之中，此明咒王相当于果囊。善男子，一切菩萨为六波罗蜜多付出大艰辛，而念诵一遍六字明咒能圆满六波罗蜜多。仅仅持受此明咒的名称也是稀有，如果持受一遍名称，相当于用妙衣等一切资具供养一切如来。”

除盖障菩萨祈求那位法师恩赐六字明咒。

法师正念思维，突然从虚空中传出“愿赐予六字大明咒”的声音，又从虚空中传出“此菩萨精进行持诸多苦行，愿赐予六字明咒”的声音。那位法师目视虚空，看到观世音菩萨，知晓应该授予。于是便将六字明咒赐给除盖障菩萨，当即，大地出现六种震动。除盖障菩萨获得了无尽法性等许多三摩地。

其后，除盖障菩萨准备将四洲充满七宝供品，对法师作法供养。

那位法师说：“这些尚且抵不过（咒语）一字的价值，何况是六字了？善男子，我从你处取受也无所取受，你是菩萨，你是我调化的。”

除盖障菩萨献上价值百千的珍珠鬘。

法师说：“你应当听我的话，去供养释迦牟尼如来。”

随后，除盖障菩萨在那位法师足下顶礼后离去。得到了应该得到的，圆满了心愿后，他回到匝达园，在释迦佛前顶礼膜拜，呈述善得（此咒）的情形。

救苦救难的八拉哈马王

另有一次，释迦世尊讲述：“我往昔成为菩萨时，偕同五百商人赴海（求宝），当时被逆风吹到了罗刹洲。在那里，五百罗刹女化为童女相，以令人欢喜、诱人心魄的花言巧语，把商人们带到不同的住处。

有位老罗刹女领着我嬉戏，晚上她酣然入睡。（一天她忽然）大笑起来，我问她为何发笑，她说：‘这里是罗刹洲，我是此处的罗刹女，一定会要你的命。如果不信，就去右方的道路看看。’我按她所说的去做，结果在铁城里看见先前罗刹女所捉的商人，并听他们说：‘每天我们中都有一百人被带走吃掉。’

我问那个老罗刹女该怎么办？她告诉我：‘有个八拉哈马王一直帮助受苦受难者，它知道隐秘妙药，往来于金沙滩。’（于是我找到马王，它）抖动身体问：‘谁去彼岸？’我连忙说：‘我去彼岸。’它听到便说：‘渡至彼岸。’

我同样对其他商人讲了这个秘密，大家商定三日后离开。

（到了那天，大家）一边发誓不要顾恋罗刹洲，一边启程离开。马王的身体一抖，说三遍：‘谁要离开罗刹洲前往彼岸？’那些商人说：‘我们要去彼岸。’马王说：‘你们谁也不要回头望罗刹洲。’话音刚落，我和五百商人就骑上了它。

当时，罗刹女们随后追赶，可怜兮兮地哭诉着，商人们忍不住回头看她们，结果一头栽到水里，被罗刹女抓走吃掉。唯独我一人回到了赡部洲。当我靠近岸边时，八拉哈马王转绕我三匝，顶礼后离去。我渐渐返回家园，见到父母，他们喜出望外。

昔日，我成为商主遇到这种痛苦和死亡的威胁时，是化为八拉哈马王的观世音菩萨使我摆脱了困境。观世音菩萨，是无依无怙者的依怙，对恐惧者给予无畏，成为黑暗中的明灯，是烈日逼恼者的凉伞，是罹患疾病者的妙药，是痛苦者的父母，不间断为众生解除忧苦。忆念观世音菩萨名号者，具足安乐，能脱离老、病、死苦，成为最后流转者，往生极乐世界，于无量光佛前闻法，恒常安住彼国。”

观世音之名由此而来

《大悲白莲经》[1]中记载：

1 《大悲白莲经》所摘内容，在汉文大藏经《悲华经（卷二）》中有。

往昔过恒河沙数阿僧祇劫前，在此佛刹，善持大劫中有宝藏如来出世。在那个刹土，转轮王辐围生了一千个王子，并对如来及其眷属广兴承侍。当时，我等大师（释迦牟尼佛）成为那位国王的宰相——海尘婆罗门，是宝藏如来的父亲，他使国王、千位王子以及其余芸芸众生断除了低劣的意乐，受持无上菩提。

其中大王子不闭目，启白宝藏如来："世尊，我目睹恶趣和善趣的一切有情，为了他们，我披上盔甲将一切善根回向无上菩提。我行持菩萨行时，任何众生如果为痛苦所折磨，为危难所恐怖，退失正法堕入黑暗，怯懦软弱、无依无亲，若能随念我并持诵我名，我以天耳闻之、以天眼见之，若不能令彼等脱离痛苦，愿我不于无上菩提道中成佛。愿以我的愿力为利益众生而长久行持菩萨行时，我的愿望得以圆满，辐围国王于极乐世界成佛（佛号无量光如来），直至涅槃之间我行菩萨行，于其后成佛。"

宝藏如来告言："善男子，你为使一切有情解脱痛苦、烦恼，生大悲心，今名为观世音自在。你即便身为菩萨，也能行持佛陀的事业。无量光佛涅槃后，于第二恒河沙数劫后分，初夜分中正法隐没，黎明时分，你于众庄严菩提树下金刚座上成就无上菩提佛果，佛号光胜吉祥积王如来，寿量九百六十万俱胝那由他劫。"

西方三圣最初发心因缘

《如幻三昧经》[1] 中记载：

释迦如来以光芒从极乐世界迎请观世音与大势至二大菩萨来此（娑婆世界）。他们大显神变，幻化出众多绝妙庄严所饰的八十四俱胝楼阁，连同那里的所有菩萨眷属来此，顶礼佛足，以偈颂赞叹。

如来告莲花吉祥藏菩萨："善男子，这两位大士从无数劫以来一直修行善根，获得如幻等持而显示种种神变，你且观东方所现。"

莲花吉祥藏菩萨举目一望，只见东方恒河沙数佛土中，不尽其数的观世音与大势至在不尽其数的佛面前请安……又见到十方一一刹土也有那么多示现。他倍感稀奇，于是请问世尊："这两位大士，曾在哪位如来面前发心，至今已有多久？"

佛陀告言："过去无数劫又百千无数世界极微尘数久远不可思议劫前，有世界名为宝积无量安乐，金光狮子游戏王如来出世，他佛土的功德不可限量，若以比喻来说，现在极乐世界的庄严相当于以发尖百分之一（从大海中）所取的水滴，彼佛刹土庄严则如大海剩余的水滴，要赞叹那一刹土的功德，纵然在恒河沙数劫中也说之不尽。彼刹土中，大千世界的自在法

1 《如幻三昧经》所摘内容，在汉文大藏经《佛说如幻三摩地无量印法门经（卷一）》中有。

王吉祥威光有百俱胝王子，他们全部趋入无上菩提，一同在八百四十万亿年间承侍金光狮子游戏王佛，受持无量手印法理。”

后于一时，那位国王在乐园中禅修，发现左右有两棵蛇心旃檀莲花绚丽无比，令人见而生喜。从这两朵莲花中，化生出宝心和宝胜两位童子，他们相互问答，由此国王成就了五通。那两位童子随国王一起，来到世尊金光狮子游戏王面前顶礼膜拜。两位童子以偈颂请问“如何供养如来”，佛告言：“如果发菩提心，就是最微妙的供养。”

二童子于前际不可得劫中，曾为众生行持（菩萨）行为，从此没有生起过烦恼心和不善心。他们启禀佛陀：“（愿我等）修行此佛一样的净土。”结果大地震动等瑞相纷呈。

当时的威光吉祥王就是无量光佛，宝胜童子是观世音，宝心童子是大势至，他们最初就是这样发心的。

恒河沙数的边际能够了知，而这两位大士在那位如来之前曾承侍过的佛陀以及在那些佛陀前发心的边际无法揣测。二位大菩萨披上不可思议盔甲，功德无量，功德的边际无法得知。观世音菩萨在极乐刹土宝积世界成佛，佛号光胜吉祥积王如来，他刹土的庄严，纵然如来在恒河沙数劫中宣说也说之不尽。前面提到的金光狮子游戏王如来刹土的庄严，也比不上观音刹土的百千分之一。大势至菩萨在吉祥积王如来灭度后正法隐没之时在彼刹土成佛，佛号善住功德宝积王如来，他的刹土和菩萨眷属与吉祥积王如来相同。听闻这两位佛陀的名号者，于无上菩提中不退转。如若耳闻过去佛金光狮子游戏王如来和未来这两尊佛的名号，将不转女身，四十俱胝劫中摧毁轮回，于无上菩提中不退转，不离亲见佛陀、听闻正法、承侍僧众，此命终后，常得出家，回忆生世，辩才无碍，获得总持。

有求必应，不是说说而已，是来自愿力

《妙法莲花经》[1]中记载：

无尽慧菩萨请问世尊："（观世音菩萨）为何取名'观世音'？"

佛陀告言："若有百千俱胝那由他众生感受痛苦，坠烈火中；溺江河中；为宝而赴海，被黑风吹到罗刹女洲；将被刽子手杀害；从山顶被抛下；被铁镣束缚；遭受药、咒、起尸、魔鬼等威胁；遭遇猛兽、霹雳、大冰雹，凶残食肉鬼等，无论出现任何危难、痛苦，只要得闻观世音的名号，就能迅速摆脱一切危难、恐惧。

纵然这个三千世界遍满夜叉、罗刹，对受持观世音名号者也不敢以嗔心相视。即使为了杀害某人而降金刚大山于其头顶，如果那人忆念观世音，那么连他的毛孔也不能损害。假使这个三千世界遍满手持兵器的怨敌，若

1 《妙法莲花经》所摘内容，在汉文大藏经《妙法莲华经（卷七）》中有。

人听闻观世音的名号，就能从这种畏怖中解脱。若有被贪、嗔、痴所折磨者，持受观世音的名号，则会远离那些烦恼。如是处于无暇、斗争、争论、死时等极其悲惨之际，这位大慈大悲的尊主是怙主、友军、至亲。求儿求女等人如若持受观世音的名号，会生出相貌端严的子女，天生具足善根。

何者向六十二恒河沙数佛陀作礼、持受彼佛号，并以妙衣、斋食等一切资具供养同等数的住世佛陀，另外有人作礼一次观世音，持受他的名号，这两者的现行福德完全等同，其福德在俱胝那由他劫中也不容易穷尽，如此福德不可估量。观世音以佛陀乃至普通人的各种身相，应机调化而如此示现，宣说正法，给予一切众生无畏，因此众所周知，他在这个娑婆世界也名‘施无畏’。”

此后，佛陀又以偈颂广为赞叹了观世音菩萨。

闻、忆、念观音名号有说不完的利益

《华严经》[1]中记载：

商主之子善财前往普陀山，向观世音菩萨顶礼，请教菩萨行。观世音菩萨右手舒展，放射出赡部捺陀金色光网种种无量庄严的彩云，为善财摸顶，说道：“善男子，我安住于菩萨大悲行门，常在一切如来足前，普现

1 《华严经》所摘内容，在汉文大藏经《华严经（卷十六）》中有。

一切众生前而为利益，依靠种种摄事、身相、颜色、放光、妙音、威仪、说法，以及随顺众生意乐的种种神变，使其修行、成熟。常救度一切有情远离各种畏惧，如堕险地、迷茫、束缚、命难、乏少资具、无有生计、无有名声、处众畏怯、死亡、三恶趣、暗中行途、与不同缘分者悲惨相处、爱别离、怨憎会、身心不安、轮回中的危难和一切有情的苦楚、不悦、烦乱、丑陋之苦，成为一切众生的依怙处，（如今）已现前成就此愿。为消除一切众生的畏惧，于世间中通过随念我而加持之。为令众生远离一切畏惧，将自己的名号现于世间。为了及时前去（救护众生），加持此身成为等同众生行相的无量俱胝数。我以这个身体救度一切有情远离畏惧，获得佛陀的一切法而发无上圆满菩提心，至不退转地。”

观世音菩萨善巧说此偈：“佛子我知一解脱，智藏诸佛大悲力，为救众生而现世，慈悲一切如爱己，救度众生离诸苦，紧受束缚亦施敌，身体遭损入囹圄，闻受我名而脱离。触犯王法死刑者，彼等若念我之名，射箭不能中彼身，利刃不刺而脱离。至王眷中众争论，克胜诸敌获名声，誉友种姓财宝增，忆念我名无匹敌。若有随念我名者，行林忧盗畏仇逼，狮子熊豹野牛蛇，克胜诸敌无畏惧。若有忆念我名者，纵遭嗔心抛大山，或抛重炭烈火中，火成遍满莲花海。顷刻随念我名者，抛海水中不丧生，水不能冲火不焚，不成无义成诸义。木枷棍箍铁镣坠，轻蔑如是受欺惑，恐吓谩骂贬低者，唯忆我名得解脱。种种危害攻击者，恒说嗔恨恶言者，闻念我名说爱语，唯见亦生仁慈心。若有忆念我名者，为害起尸行诅咒，一切怨敌常胜伏，诸毒不能害其身。若有忆念我名者，龙王鲸鹏食肉者，鸠槃荼具残害心，夺泽威胁梦亦息。瞬息忆念我名者，不离父母诸亲友，如是不与嗔人依，财富无尽无贫穷。若有随念我名者，命终不堕无间狱，不生恶趣鬼无暇，转生清净人天处。若有忆念我名者，不成天盲聋残疾，不成跛盲成聪明，多俱胝劫具诸根。若有随念我名者，清净有情命终生，十方世界佛现前，见佛亦闻彼等法。此与其余众方便，调化有情量不尽。”

能多方保护你的大悲咒

《摧破大千经》中云：“设彼住能害，刽子手击刃，随念观世音，兵刃折成段。设若持兵器，手断堕落地，少不落彼身，除非昔造作。”

《略摄大悲咒功德经》[1]中说：“至山牧荒野，遇虎狼猛兽，蜥蜴蛇鬼妖，诵咒闻不害。何人赴江海，恶龙水怪凶，夜叉罗刹鲸，龟闻此咒散。沙场敌困者，盗匪夺宝者，专诵大悲咒，彼生慈心退。国王惩治者，铁镣缚入狱，专诵大悲咒，王生慈心释。谁入诅咒室，毒饮食害时，专诵大悲咒，毒成甘饮食。孕妇分娩时，魔障受剧苦，专诵大悲咒，离魔而顺产。龙魔散毒气，热病逼危时，专诵大悲咒，除疫得长寿。龙魔游损肿，剧疖

1 《略摄大悲咒功德经》：汉文大藏经中为《千手千眼观世音菩萨广大圆满无碍大悲心陀罗尼经》。

流脓血，专诵大悲咒，三涂涎消肿。众生污作恶，诅咒敌害时，专诵大悲咒，归集放咒人。恶增浊坏法，欲火盛心痴，夫妻各爱他，昼夜心常倒，谁诵大悲咒，熄欲火除倒，广说此咒力，劫中说不尽。”其中直接宣说了千手千眼陀罗尼咒的功德，由此也可见持受观世音名号的功德利益。

《观世音根本续莲花网》中记载了观世音往昔行菩萨行的情形及其明咒，为文殊、普贤、除盖障等菩萨及菩萨姆所赞叹，十方佛陀（说其功德也）说之不尽。观世音以不同名号和姿态偕同眷属来此刹土，宣说各自大明咒，十方一切佛陀以手印为彼等摸顶，传出“善哉”的妙音，忿怒明王会众翩然起舞，遣除违缘，世间护法众及眷属立誓护持佛教。

《千手千眼观音广仪轨》中云：“大菩萨观世音的自在神变力不可思议。在过去无量劫以前，已现前正等菩提而成佛，佛号法光佛出有坏。他以大悲及愿力，为利乐有情而于此显现菩萨相。人天众生对其当恒常供养、持诵名号，以此生起善根，清净重重罪业，死后往生极乐世界。”

《大乘小字般若经》中说：“世尊告观世音：‘你为应供正等觉光胜吉祥积王如来，何者听闻你的名号，受持、读诵，亦为他众广说，缮写经函以作供养，彼等都将于未来时成佛。’”

《圣诸法功德庄严王经》中云：“金刚手请问：‘世尊，为何名为观世音自在？’佛告言：‘能如是观见、能分别、能满足、能救护一切世间，能真实赐予安慰，具足悲心、喜心、慈心、怜悯心而能满足一切心愿，由此称为观世音自在。’金刚手启禀：‘世尊，仅思念观世音自在名号，也能满足一切心愿。’”

《宣说观世音一百零八名号经》中说：“何人恒时欲安乐，于众生主观世音，莲花中生常赞叹。”

至尊大悲观自在传第二品终

金刚手

菩萨传

顶礼、供养、皈依金刚手菩萨摩诃萨！

这位受持如来身语意一切之密宝藏者——密主金刚手菩萨，是不可思议的主尊。

他与千佛曾是兄弟

《宝积经 · 秘密不可思议品》[1] 中记载：

寂慧菩萨对世尊右侧、手持金刚的金刚手说："密主，你常承侍如来左右，如来的秘密之处超越声闻、缘觉的境界，更何况普通众生了。请对如此道理讲辩一番。"

释迦牟尼如来也如是劝请金刚手。

密主说道："自世尊昔日做菩萨得燃灯佛授记以来，我一直承侍菩萨左右，所见菩萨身语意之密的一部分是如此这般……"以此讲说利益了无

---

1 《宝积经 · 秘密不可思议品》所摘内容，在汉文大藏经《佛说如来不思议秘密大乘经（卷一）》中有。

量有情。

当时，在场的有些菩萨心想：“具有如此辩才的密主，到底生起了什么善根？承侍过多少佛陀？发下了怎样的大愿？”

依他们所想，世尊告言：“过去不可思议无数劫妙光劫时，有世界名为庄严，无边功德锦宝庄严王如来出世，当时他的寿量长达三十六俱胝年。人们无有非时横死，整个世界极其富饶、安宁，一切有情均是烦恼微薄，具有通晓善说的威力。在那个世界中，妙光四洲的中间世界富饶安乐，地域辽阔，在丰富物资严饰的清净宫殿城市中，转轮王护国统治四洲，于无上菩提得不退转。他有七十万玉女宝般的妃子，有一千位英勇无比、相貌堂堂的王子，都趋入了圆满菩提。当时，世尊无边功德锦宝庄严王及比丘僧众同住于清净王宫中，护国国王在俱胝年间，以应有尽有的一切合意受用进行承侍，不放逸听闻正法，获得了五通。当时，那些年幼的王子见父王为了供养，用天界的蛇心旃檀建造广大楼阁，面积有十由旬，令人见而生喜的布局精美庄严，整个赡部洲也比不上那旃檀的一半价值。护国王及王子、嫔妃、侍从迈入那座宫殿，连同各式各样供养的资具幻化到上空。当无边功德宝庄严王佛来到那里时，他们将楼阁置于地上，顶礼如来，听闻正法。如来通过法语令他们满心欢喜，国王将国政全部供养佛陀。

在一个月圆之日，护国国王在乐园高兴地欣赏音乐，贤妻子玛玛曼和慧美玛二人沐浴后坐于莲源狮子床上。她们的怀里化生出两个令人见而生

喜、结跏趺坐的庄严王子。刹那间，上空中，诸天人传出‘奇哉，此童子名为法思，彼童子名为法慧’的音声。两个童子即如是取名。二童子刚一出生，未解开跏趺便说法偈，从母亲怀里下来向父王顶礼，请求去往如来面前。于是父母携带王子来到佛前，听闻正法，以此利益了芸芸众生。

一天，护国国王在楼阁里静坐，沉思：‘我这些童子既然全都是趋入无上菩提者，应观察一下其中谁先成佛。’于是将他们的名字写上，放入七宝瓶中，供养七天，然后在王妃及王子面前，一一取出里面的人名。首先出现的是净意王子的名字，即时大地震动，铙钹自然发出妙音，那位王子就是（贤劫中的）拘留孙佛。如是尊胜部、寂根、义成、大地的名字依次出现，他们分别是迦那迦牟尼佛、迦叶佛、现在的本师释迦牟尼佛和未来的弥勒佛。接着是从胜慧到冠严之间九百九十九位王子的名字，按顺序是从狮子如来至无边功德称如来。所有王子中年龄最小的无边慧，名字出现在最后。

所有兄长都说：‘当我们（成佛时）已成熟了一切众生，之后你有何可做的？’

小王子说：‘佛陀之法等同虚空，有情也无有尽头，我发愿行持综合您们全部的寿量等佛之事业。’当即从空中传出诸天人所赞‘善哉’的声音。这位就是胜解如来，是（贤劫）千佛中的最后一位，他总集了贤劫前面所有如来的寿量、僧众数、事业量等。

随后，这一千位童子对法思和法慧说：‘善男子，你们俩发了什么愿？’

玛玛曼之子法思说：‘诸位兄长，我发愿在您们之中行持（正法），成为金刚手，保护如来一切秘密，听闻、信受、证悟佛陀内外一切法。’

慧美玛之子法慧说：‘我发愿在您们成佛时，请转法轮。’

彼时，护国国王就是燃灯佛，千位王子即此贤劫千佛，法思童子就是密主金刚手，法慧童子是具髻梵天。”

乘愿而来，受持诸佛之密

随后，舍利子白佛言：“世尊，十方世界，贤劫诸菩萨现于佛前行持梵净行，密主（金刚手）具有这一切吗？”

世尊告言：“舍利子，暂且莫谈，这是不可思议行。（金刚手）菩萨的这一行为，会使连同天人在内的世间众生深感迷惑。具有信心、为善知识所摄受者，才闻此不生惊怖。舍利子，你可曾见到密主金刚手常随我身后？”

舍利子禀佛：“我依靠佛陀的威德力，今日才见到，以前没有见过。”

佛告言：“如是贤劫一切菩萨的身后，都会普现金刚手的身相。现在你可见到弥勒身后的金刚手？”

舍利子禀佛：“我才见到，以前不曾见过。”

佛告言："金刚手恒常跟随身后，只是你没有看见，（他方世界的）菩萨和所有世间怙主，常能看到他手持金刚、恒常安坐。贤劫的一切菩萨，会幻化百千俱胝那由他化身，他们的身后都住有金刚手，同样，一切如来的幻化身，其背后也有如是显现，这一切都是密主的加持。大千世界中所有众生的背后，虽然也普现金刚手身相，可是他不展示圆满法和智慧的加持。"

随后，世尊告寂慧菩萨："寂慧，这位持执金刚的金刚手，在供养贤劫一切佛陀并受持妙法、广行如来一切秘密法门、成熟无量有情之后，于胜解佛正法隐没之际，往生到不动如来的现喜佛刹，在彼如来座前受持并修行百种手印佛法，其后令无量无边的如来欢喜，护持他们的正法，使无量有情成熟圆满菩提。之后再过恒河沙数劫，他将现前圆满成佛，于清净劫的普净世界，成就如来应供正等觉，佛号金刚伏。

他的刹土中，无有恶趣与无暇，普皆清净，富饶庄严，与兜率天的受用等同，无有非时横死。若往生到那里，一切众生信解大乘，连声闻、缘觉二乘的名字也不复存在，（彼佛所说）唯大乘法语，（其眷属）具有天、人二十八种妙相庄严。彼佛寿量达八中劫，他说法时，身体放光召集眷属，后腾空到十万娑罗树之高处，结跏趺坐的身体遍布四洲世界，妙音令十方世界悉闻。（如来为诸菩萨）如是说法时，无一众生与他所说之法有所违背，因为这些众生均是利根者。在他的刹土中，除了如来是法王以外，无有其他国王，一切有情均无有我执。彼如来在（其刹土欲行乞食时，）于供斋的天、人面前持钵而住，他们只要一意念，一切资具便随念而生，对如来进行供斋。如来（享用之后，回到住所）真实安住，诸菩萨也随应入于三昧庄严而住……在彼世界，具足这些殊胜功德及其余无量功德。”

佛陀（为金刚手如是）授记，金刚手（听后踊跃欢喜，）将金刚抛至虚空，震动了整个世界，天降花雨，传出铙钹声。

有清净观，一切都是助伴

此后，密主迎请世尊及其眷属前往（自己的住处）扬柳宫，住了七夜。金刚手入定于大庄严王三摩地，幻化出与东方的功德宝无边庄严佛土等同的经堂，又告知并召集四大天王及其眷属，乃至从梵众天到色究竟天的天人，前去那里听法，并（在佛前）念出密咒，由此利益了无量有情。

后来，世尊返回到灵鹫山，告诉前来请教（金刚手有何等功德）的未生怨王：“大王，十方世界恒河沙数能够数尽，而密主金刚手供养承侍那些佛陀的数量无法得知，他皆于其前行梵净行。过去无数大劫前，有如来名为寂行，他一直宣说‘菩萨连生身性命也当舍弃而精进修行’的菩萨法语。当时，这位金刚手成为众眷属中的勇力菩萨，他思维如来的语义，从而不将涅槃视为功德而将轮回看成功德，将轮回作为行境，受持无量菩萨行之义。如来赐言‘善哉’，并宣说了清净行境之法，由此他通达‘如同一切色为虚空的行境一样，诸法均是菩萨的行境’，于是披上坚韧盔甲，承侍了数多佛陀。”

高深莫测的金刚

未生怨王想：“金刚手右手拿的这个金刚，是重还是轻呢？”

密主知晓他心中所想，于是说：“这个金刚既重又轻，为了调伏有我慢的骄矜者，它就重，而对于无有我慢的正直者，它就轻。”说罢在那个地方对金刚做加持，然后将其放在地上，结果大地出现六种震动。随后，密主对未生怨王说：“你从地上拿起这个金刚。”

未生怨王本具有单手可擎起大象的力量，可是他使出最大力气，那个金刚也纹丝不动。他感到惊奇不已，请帝释天去拿，结果也无法动摇。帝释天好奇地请问佛陀：“我连净心非天王那七百由旬的战车，都能（一手）持执，为何竟然无法动摇这个金刚？”

佛告言：“这个金刚的重量，连须弥山也无法与之比拟。金刚手若以此金刚击中具金刚自性的铁围山，铁围山会（被击得粉碎，）犹如一把扬散的糠秕。”

帝释天请目犍连去拿金刚。目犍连握住那个金刚，结果大地出现六种震动，水浪冲天，搅动了所有大海，可是也没能动摇那个金刚。他十分惊

讶，请问世尊："以我的神变，能将四大海水放于掌中；能转动整个大千世界，就像有人用十指尖翻动一个银币那样容易；能把日月拿来，（不让其运行）；能用单手举起须弥山王，将其抛到梵天世界；我连欢喜龙王、近喜龙王也能调伏；还到过具光世界，对须弥山的界性一清二楚，但却无法动摇这个小小金刚，难道我的神变已经退失了吗？"

佛告言："你的神变并没有退失。但是菩萨的这种加持，所有声闻、缘觉都无法动摇，更何况其余众生了？你能动摇尽恒河沙数佛刹中的所有须弥山王，却无法在这里动摇这个金刚。"

目犍连白佛："持有这个金刚的密主，真乃稀有大神力。金刚手的力量，是父母所生还是神变力所致呢？"

佛告言："目犍连，由父母所生的力量，无论如何都只是名称。而菩萨的神变力，我若无余宣说，恐怕会令天人在内的世间众生皆生迷惑。"

之后，世尊对金刚手说："拿起金刚吧。"

密主（以神力）震动世界，用左手拿起那个金刚，抛到上空旋绕七匝，然后接置于右手。在场的所有眷属感到稀奇，请教金刚手这种缘起、力量、发愿及获得此种神力的因。

该动硬的时候一定不能手软

《克胜三界分别大王经》中记载：

世尊在须弥山顶时，于金刚、宝珠顶层楼阁中，与菩萨、天、龙、夜叉等众多眷属一起安住。大菩萨金刚手从天而降，顶礼佛足，转绕三匝，如是启禀：“世尊，我想教授大天等野蛮众生受持誓言，请世尊赐我言教。”

听此话语，法王如来告言：“夜叉极度嗔恨你，自满、残暴。你为利益一切有情而说如是咒语。”

金刚手禀佛：“世尊，我要调伏野蛮者，因为我想以自己所拥有的所欲安乐等来调伏他们，将其安置于无上安乐中，以说法来净化他们的野性，令其寂静。”

世尊对金刚手赐言“善哉、善哉”，并说：“为了一切世间的利益与安乐，你当诵心咒。”

随后，金刚手告诉对佛教有信心的人天众生：“诸位朋友，当皈依佛陀，也请随护我教。”

金刚手在世尊足下礼拜之后，仅仅念诵克胜三界的心咒，就使整个三界大幅动摇，天等一切众生胆战心惊、瑟瑟发抖来到世尊跟前，包括铁围山、大铁围山等在内的四大洲一切世界充满了一切有情。

世尊令金刚手关照所有眷属。金刚手告诉大众："立誓皈依佛陀等，也请随护我教。"

在场的诸大眷属，都害怕金刚手而胆战心惊、瑟瑟发抖地皈依出有坏如来。

随后，大天、大力天神及梵天请问佛陀出有坏："世尊，如此给众生显示神变、显大感应、改造我等的，到底是谁？"

世尊为宣说此义而说偈颂："为利诸有情，诸佛予加持，一切普贤主，此生诸佛陀，夜叉金刚手，自在化凶神，持诵其名号，亦可得成佛。"

金刚手说："奇哉奇哉，诸天神，请依我言教皈依佛陀，否则，我以这柄炽燃的金刚将你们彻底焚毁。"

大天等众天神连声说："你是夜叉，我们是天神，我们不能护持夜叉的言教。"

金刚手听罢示现大忿怒相，祈求世尊："世尊，请授予我调化一切凶神恶煞的灌顶。假设世尊开许，我愿降伏这个大天。"

世尊对大天说："大天，承诺吧，否则他会杀了你。"

大天等三界的天王祈求道："世尊，要依这位凶狠夜叉的言教奉行，我们办不到。"大天在世尊足下顶礼，对金刚手说："喂，夜叉，我是一切的大君主、造作者、摧毁者、众生之主梵净者、逍遥者、大自在天。”

大菩萨金刚手现忿怒相说：“你身体腐朽，造作残酷吃人肉的弥天大业，如此粗暴残忍食肉的腐败身体，怎么会是梵净、逍遥者、大自在呢？绝不会成为所谓的梵净。最逍遥者，就是解脱。所谓的大自在，只是欲界之王。而一切众生之主，那是我，所以我能够调伏你。”

大自在天勃然大怒，礼佛尊后，显出大畏怖的形象，发出大忿怒的狂笑，作出大怖畏的姿态，放出熊熊大火，在无边的大千世界中造作种种身相，形成无比烈火，发出金刚、三尖矛、宝轮、独叉戟、短橛等无与伦比的兵刃，遍显鬼女、鬼神众，幻化出魔众的种种形象，与众多凶神恶煞一起纷纷发动战争，令四大洲世界处于漆黑一片中，之后又到处充满烈焰，通明一片。

出有坏金刚手，獠牙毕露，眉头紧皱，睁大左眼，以忿怒的金刚看式，念诵克胜三界的甚深心咒“吽”。吽的声音遍布整个世界，瓢泼大雨直降而下。

大自在天等所有天神连连说“请世尊庇护、请善逝庇护”而求皈依。金刚手仅仅念诵克胜三界的心咒，就使大天等一切天主及其眷属在金刚手面前头足翻倒，被放进须弥山顶的大坛城中，由金刚手以金刚左脚踩踏。

世尊对金刚手说：“善哉。你能如此调化众生，善哉，为此当赐予已

调伏者之安慰。”

于是，依靠金刚手的加持，那些天神恢复知觉。（金刚手）慑服他们立誓，以金刚名称灌顶，把大自在名为金刚微妙明咒、大力天神名为金刚幻、梵天名为金刚无言、童子声名为金刚铃、天王名为金刚刃。

游于虚空、地上和地下的所有君主，都是以金刚名称授权而令入坛城的。与此所说的情节相同，对于难以调化的三世间主及其眷属们，金刚手通过威猛的方式予以降伏，这一点在其余续的缘起中也有广说。

诸如来授权于他

《金刚手灌顶续》中记载：

金刚手菩萨摩诃萨在花基藏庄严世界，于毗卢遮那佛前发愿自在调伏夜叉。在中间的赡部洲娑婆世界扬柳宫，夜叉大将住在名叫昼内的地方，如来的光芒照耀，使他们变得面目圆满，并作意如来的不可思议。如来以偈颂表示金刚手菩萨来此，并告知金刚手菩萨来到夜叉会众如来前，显示行持锦严等持的同类因而入定。当即，金刚手菩萨显示毗卢遮那佛的庄严楼阁广如大千世界、数百千俱胝那由他宝珠柱子等不可思议如海庄严点缀的神变，并由夜叉大众围绕，双手擎着那个楼阁腾到空中，来到种种娑罗树胜幢庄严茂密林园中的释迦佛前。人们见到那一楼阁的光芒遍及诸方，于上空六百八十万由旬处，如熊熊烈火般耀眼夺目，好似千个太阳般光辉灿烂。在场的诸位菩萨请问释迦佛这是怎么回事。

佛告言："普贤[1]菩萨来此，他以往昔行为成就的同类因，使此法的功德有着百劫也无法了悟边际的耀眼光芒。请询问普贤菩萨趋入大乘的'清净门处'的法门。"

普贤菩萨坐于七娑罗树高的上空，向林苑降下天花及涂香等妙雨后从上空而降，将那个楼阁供养世尊并作赞叹。随后，从楼阁、铙钹、小铙钹中发出大乘初行的偈颂声，当下，普贤大菩萨向世尊呈禀趋入大乘及其行为等。

世尊入定于大金刚源等持中，即刻，诸方浩瀚世界中一切如来异口同声说大金刚音，放射大金刚璀璨光芒，念诵金刚萨埵心咒，来到种种娑罗树胜幢庄严茂密林园释迦佛前，于大金刚莲花垫上跏趺而坐，向释迦如来问安。随之，所有如来与释迦世尊念诵金刚坛城加持的咒语，入定于佛陀加持幻变等持中。在场的诸大眷属都感到无比稀有，心生希求，一个个看着文殊童子。

文殊一心专注，知晓他们倍感稀奇之后，以偈颂向释迦世尊及那些佛陀祈求赐予诸佛子灌顶。

---

1 此段四处普贤，在藏文中原本如此，是否应为金刚手，请观察。

那些如来加持此林苑变成金刚坛城庄严及坐垫，从头上顶髻中放出无碍力光，照耀眷属坛城，入于普贤大菩萨的顶上，即刻，他极其欢喜，念诵无碍力心咒。那些如来的三昧、陀罗尼、力、菩提分支、正道、圣谛、空性、佛陀不共法、大空性边际所做的布施、调柔、正戒、定解等六波罗蜜多所生的有色金刚加持赐予金刚手菩萨手中。当下，十方浩瀚佛土与一切世间中所有如来、菩萨、声闻、缘觉、天、龙、夜叉、人等均异口同声地说："奇哉，这位菩萨摩诃萨是金刚手、金刚手。"

其后，那些如来加持此誓言，念诵秘密金刚心咒，结果一切刹土中都轰隆隆传出密主的音声。如此依靠那一心咒的威力和一切如来的加持，金刚手菩萨现量趋入所有如来的圆满智慧。那些如来又念诵护持佛法、救护众生的心咒大金刚陀罗尼咒，当即，一切浩瀚无垠的世界及所有佛陀的坛城中，诸如来的足前所有菩萨及声闻、缘觉、初发心者、初学者、众生的前后，或未眠或已眠或说法或成佛或利益有情或现行幻化之间一切面前普皆显现头戴冠冕相的金刚手。那些如来又念诵金刚束缚诸方的心咒，结果金刚束缚了所有野蛮众生，念诵金刚橛心咒，隆隆传出"大菩萨金刚手持金刚"的这一音声。又念诵金刚地下心咒，使浩瀚世界及地下的一切洞穴都隆隆传出此金刚手是地下金刚的声音。念诵制伏持明咒的心咒，持明者的一切处都传出如此名号。如是念诵制伏夜叉的金刚咒等，结果整个世界各处都轰隆隆传出"夜叉金刚、龙金刚、寻香金刚、大鹏王金刚、人非人金刚、大腹金刚、罗刹金刚、空行母金刚、厉鬼金刚、食肉金刚、食肉母金刚、罗刹母金刚、威伏金刚"的名声。同样，念诵蔽影大怖的心咒，一切世间传出灭尽一切相续之金刚。念诵无碍力金刚的心咒，浩瀚刹土的一切地方，都不断隆隆传出"此大菩萨金刚手是大金刚转轮王"的音声。那些如来念诵大金刚转轮王的心咒，并且将此等所有大金刚的心咒都赐予金刚手。万丈光网的彩云，照耀着此苑林及附近的地方，依靠加持力加持金刚手后于法界坛城中变成法界的自性而消失不见了。

显露威严

当时，释迦佛告言金刚手："善男子，一切如来转轮金刚大坛城，以手持金刚灌顶赐你灌顶。将数百千俱胝那由他等持所做的金刚赐予你，以转轮大王的金刚加持你，将一切金刚心咒传给你，一切如来开许你行持、守护一切教义，圆满你往昔的大愿。善男子，请决定显示自己的神变，讲说金刚灌顶大坛城。"

金刚手呈禀世尊："遵照法王言教奉行。世尊，我获得了最上稀有，我获得了尊胜妙法，是世尊慈悲于我。"随后，金刚手入定于金刚大积称心咒等持中，使世界极度震动、摇晃，遍布大光明，止息了一切黑暗之处及三恶趣的痛苦。金刚手的一切汗毛中出现忿怒王，发出"吽"的吼声，手持金刚、面露怒容，以这个世间界同一音声令众生听懂，降伏所有残暴的妖魔鬼怪，说出自己的心咒，在所有世界中，轰隆隆传出“奇哉，大菩萨是威猛金刚手”的音声。随后，金刚手入定于金刚焰等诸多三摩地门中，震动一切世界。他的双目以威猛金刚看式；所有汗毛孔及支节中有忿怒金刚众；顶髻中，克胜三世间具足十个大千世界量的身体，如同劫末火一般；额中有数百千手臂的月明点忿怒尊。此外，棍棒金刚、大力金刚、迈步金刚、金刚链、金刚顶，一一都有数以万计的侍从眷属，也显现金刚拳，并宣说他们的心咒。另外，双手中有妙臂童子部，口中有金刚童子部等。金刚手之子忿怒童子，手持金刚，勤利有情，在不同世界现前成佛，生起力等功德身，能满足一切众生的心愿，相合金刚手之心的众多形象也散射出来，宣说他们的咒语。金刚手入定于将降伏的众生焚成灰的三摩地中，念诵心咒，结果见到所有山川连同大海燃烧干涸。所有在场者除了住十地的菩萨以外，都面朝下倒在金刚坛城上，从金刚手的心间出现怖畏烈火焰忿怒明王，发出大笑，收摄所有眷属的心，变成与虚空等同，入于金刚手心坛城中。金刚手又安住于大悲坛城中，当时依靠与所有如来等性的安住法而安住。一切如来都赞叹金刚手“善哉”。

灌顶洗礼，获得新生

随后，文殊童子得知所有眷属都倒在金刚坛城中，生起大悲，双目眺望，对金刚手说：“善男子，稍稍恩准此等眷属趋入誓言门，他们有获得生命的希望，供养各自的密咒。”

金刚手特意以偈颂宣说，与殊胜金刚力的陀罗尼一起将那把金刚给予文殊童子。对文殊的那些眷属说：“诸善男子，当忆念明咒王不败金刚火能令人极度不愚昧，这将利乐汝等，获得生命。”

依靠金刚手念诵大明咒及文殊的加持，那些眷属站立起来，心生欢喜，生起无比信心。梵天、大自在天、遍入天、帝释天、四大天王及天、龙、夜叉、乾达婆等三世间所有的大力大威尊主，连同各自心咒、修行仪轨供养金刚手，金刚手也宣布金刚誓言。

此后，文殊童子入定于放射金刚大智慧光芒三摩地中，从金刚手那里取来金刚，把金刚放在智慧所生的无垢青莲花上。当即，一切浩瀚世界，所有佛陀坛城中接连不断隆隆传出“奇哉，此文殊童子是胜施金刚”的音声。十方世界中安住的一切佛陀在安住的同时舒展右手为文殊童子摸顶，一边说“善哉”劝请。

文殊分析宣说依靠所有心咒成就悉地的次第后，又说此语：“寂慧，所有如来的心咒坚固功德及威力无有边际。寂慧，金刚手调伏了如来的畏怖火所生之金刚没有调伏的众生，能圆满所有如来菩萨的愿力，发愿上至护持佛教，下至如实满足一切有情的心愿，在一切浩如烟海无边世界，趋入所有如来愿力之门，悉皆先行。”

随后，从浩瀚无边的十方刹土，所有如来伸展右手为金刚手摸顶，劝请宣说咒语及坛城之密。

他如是讲说，为文殊宣说大智慧灌顶的陀罗尼咒，当即，文殊童子证悟了九十九俱胝智慧决定生的大智慧金刚。诸位如来的坛城中出现供云，“依靠大智慧灌顶为文殊灌顶”的声音轰隆隆传遍整个大千世界。依其威力，文殊见到十个佛刹极微尘数的如来色身入于大青莲花内。当即，凭借证悟法身的威神力，文殊的所有汗毛孔、冠冕、装饰及所有肢体都同现如来的身相安住，所有住十地心得自在的大菩萨，尚且也无法证悟其一个汗毛孔的量，更何况声闻、缘觉和其余世间人了。文殊童子目视着金刚手，特意宣说此理。

他是名副其实的“大势至”

《胜觉大续》中记载：

鬼神主，何者向九十二恒河沙数的十万倍如来作礼，也比不上有人意礼大明王之最——金刚手所生的福德多。

无垢悟菩萨请问世尊：“世尊，这位金刚手获得授予大明王、大持明咒主有多久了？以什么等持安住？此前的善知识是谁？以什么安住法而住？”

世尊告言：往昔过去十九恒河沙数劫之前的难化大劫中，大智灯光如来出世，当时，这个娑婆世界名为金刚世界。那位如来讲说了能为六十百千俱胝那由他菩萨遣除黑暗的普明密法，为宣说金刚持部浩瀚无量世界汇集的无量无边世界的微尘数无量等持、陀罗尼咒而微笑。尔后，大金刚持，大金刚之尊名无边世界自在王，于当场的眷属中从座而起，顶礼佛足，又复站立，从浩瀚广大顶点之下方转变大手印，取来金刚，真实激起十方无边如海世界的十大海，又以国王傲然驾驭而收摄大海的我慢，转动金刚，以劫末火的双目，转变摧破灿然光芒坛城下方的手印，将那个金刚放在如来足前，顶礼其双足，请问如来："您为何对眷属微笑，面门和眉间白毫放射种种前所未有的彩光？经此眷属劝请，我请教世尊，祈求慈悲讲说。"

当时，世尊妙相吉祥旋结中具有如蓝宝石光、琉璃光、如意宝、星辰般的深蓝光，出现普照大光明坛城十方浩瀚无边世界的光芒火焰，从散射无垢光明坛城中用左手取来金刚，从中出现密主金刚手大明王。他由铁钩手帜中出现铁钩母，由鱼中出现欲乐金刚母，由吉祥中出现金刚链母，由熊熊火焰般最美妙的"万"字中出现口焰母，由鹅颈瓶中出现色母，由伞中出现猛幢母，由金刚中出现欢喜母，如是出现了带有女伴眷属的七位大明妃。她们的前面有威猛的忿怒相大力尊，劫末宝珠般的忿怒革乐革乐由金刚拳中出现。前臂中出现拳，雄壮的肩膀中出现金刚天铁，如是有携带眷属的十位女伴。如此类推到二百四十。金刚手偕同侍从及女伴眷属，在大誓言坛城中，请求大智灯光如来赐予如来的加持。彼如来入定于无垢等持中，首先为了宣说如来身语意的十密、具足俱胝频波罗俱胝无量秘密的经藏王，集于具誓言之坛城中，调化难化，以一切智而解说。

在此之前，金刚手于大智灯光等九十九俱胝如来身边降魔后护持一切佛法。继大智灯光如来之后，又于九十六劫中，在这个娑婆世界圆满佛陀见义出世，他的教法中出现一个名叫不语的恶魔，被金刚手击败。其后，又于八十位见义如来、九十一俱胝佛陀教法中降魔护教。过了九十六劫之后，金光游戏佛出世，（金刚手）在六十八俱胝劫中降魔护教。其后，过了千劫，这位金刚手依旧受持那些如来的秘密，护持佛教。后来在宝髻佛、毗婆尸佛、毗舍浮佛、迦那迦牟尼佛、除迷信佛、不动佛、迦叶佛等以及我的教法中，金刚手也调伏未调伏者，受持秘密。他在贤劫之中，于这个娑婆世界行持佛陀的事业，贤劫的所有佛陀前，如此依靠此方便显示，行事后现前成佛，佛号金刚妙力行。

金刚手又呈禀："世尊，听闻我名者，于天界在内、梵天、魔、沙门、婆罗门的众生世间中不见有仇恨心。"

世尊告言："诸位朋友，何人如是意礼金刚手菩萨摩诃萨，相当于顶礼九千如来。"

金刚手说："任何魔闻我名而不逃，当以威猛金刚劈其头。"

世尊告言威猛金刚手："如果听闻你的八种名号及密宗眷属，则将清净所造五无间罪，得见金刚手，一切魔障、八十四百千俱胝那由他邪师将逃往十方。如若对此听闻，不行梵净也行梵净，不能安忍也能安忍，不能断食也能断食，非沙门也将具有沙门果，诸佛菩萨护佑于彼，赐予一切事业悉地。如是你乃具象耳，你是具妙饰，你是威慑，你是功德宝源，你是真谛云，你是具妙色庄严，你是具焰，你是妙色。任何智者若听到你名号，则于七百千俱胝那由他劫之间不会转生有情地狱，命终之时，诸佛菩萨住于其前说法，将往生到兜率内院，与诸菩萨一起安住。”

金刚手呈禀：“持诵这八种名号而赞叹，金刚手与众本尊从兜率天赐予悉地，不出魔障，不做恶梦。”并详细宣说了诸如此类的功德利益。

让魔都成菩萨了

《金刚大须弥顶楼陀罗尼》中记载：

世尊于金刚须弥顶楼，与众多大菩萨、大声闻、天、人等诸眷属一起，白毫间放大光明，照亮恒河沙数刹土，震慑一切魔处，可怖的恶魔大军铺遍八万四千由旬进攻世尊，结果所有兵器均变成花雨，一切声音变成佛音，诸如此类，魔王波旬被五条锁链束缚，跌在经堂。

世尊以慈悲心告言金刚手：“密主金刚手，将此波旬从经堂唤起，置于坐垫上。金刚大解脱门三摩地的神变加持不可思议，能摧毁恶魔坛城，能让诸魔及其余残暴众生皈依三宝。”

金刚手向世尊合掌，以如实的偈颂赞叹，处于珍宝莲蕊中入定于三摩地，使这个世界出现六种震动，身体的所有分支及细分支起现炽燃的金刚，变成一大火舌的炽燃金刚光芒，照亮了十方无量无数世界现今住世的一切佛陀出有坏的所在地，所有那些佛陀宣讲了此中原因，菩萨大众也来到此刹土。十方刹土的无量无数佛陀舒展吉祥相庄严的金色右手，为金刚手摸顶，同时妙语吼声遍及一切世界："善男子，为制伏一切魔王波旬及对如来教嗔恚的野蛮众，为初学菩萨发起心力，为利益一切有情入此三摩地，善哉。"

世尊告言金刚手："请将波旬从此束缚中释放，让他皈依三宝，此外不信佛教者将信佛教。"

金刚手依佛言教，入定于能摧毁一切魔坛城的金刚大解脱门三摩地，即刻世界出现六种震动，他的身体也变成燃烧熊熊烈火、极其可怖的忿怒身相，周身的支节中也出现种种忿怒尊云聚，一切邪魔鬼神被焚烧等痛苦不堪，魔王波旬、魔障、邪魔如同狂风吹动的树一般发抖，欲哭不能，就像图画一样纹丝不动。

金刚手的双足中出现两个威猛怒尊，转绕如来数十万遍后，问金刚手："有何吩咐？"

密主一言不发，从额间出现忿怒大威德相，所有肢体以炽燃的金刚光芒照遍整个大千世界，摧毁其余威光，映蔽日月星辰宝珠等的光芒，除了如来及诸十地大菩萨的光芒以外，其余所有光都黯然失色。他无数次转绕如来，对金刚手说："善男子，有何吩咐？"

其后，金刚手对那些怒尊说："请让魔王波旬及不信仰佛教的所有魔众皈依三宝，遵守誓言。"

那些怒尊同时以狮吼声念诵遍满诸世间之密咒，世界出现六种震动，所有方隅降下金刚大陨石短橛，出现天崩地裂的声音，大地的裂隙中水流上涌，有如坏劫之水一般，遍布整个大地，地下的龙族、诸天、非天出现在上方，一切厉鬼、魔障、邪魔的身体及所有魔境被一团熊熊火焰所烧，天宫等一切光芒化为乌有。眼看着魔类的头被金刚怒尊用金刚摧毁，处于极度的苦受中极其悲惨、恐惧、惊怖，魔王波旬顶礼释迦如来及密主，诚心地说："祈求救护，我乃至菩提果之间皈依三宝。为了利益一切众生，我发无上菩提心。"

所有眷属惊奇不已，赞叹佛陀及密主并散花。魔王波旬也无比欢喜，依靠自己的威力，出现了绝妙庄严的珍宝无量宫殿，为了供养善知识密主而献上如实偈颂以作赞叹。

如此按照密主吩咐，那些怒尊，使天、龙、夜叉等所有残暴众生立誓。随后，金刚手从那一等持中起定。

舍利子问金刚手此等持的名称。

金刚手说："这个等持并不是以名称、文字、言语所能领悟的，所谓名、色等等持的法一无所有。"如是从真实深义着手宣说了诸法门。

释迦如来及十方世界中的一切如来，右手放在金刚手头上为他摸顶，赞叹“善哉”。

金刚手菩萨由解说此法门，使完全超过无量无数恒河沙极微尘数的天子对一切法生起了无尘离垢法眼，比丘、比丘尼等及天等芸芸众生获得无生法忍，较此更多的众生生起不退圆满菩提心，这个世界及其余无数无量不可言说又不可言说的其余佛刹都出现六种震动，天神及菩萨依靠威力供养金刚手的种种如海供云充满虚空，梵天、自在天、遍入天等一切世间尊主顶礼世尊而发下誓愿。

《吉祥智明点续王》中云：“怙主金刚手，遍主持金刚，无边世间界，乃为生灭因。彼本无所生，自生胜自在，其手之金刚，无生十二智。初起五方中，出现五如来，最终五大种，中央现六道。为护诸见解，行持种种相，有现持金刚，有现佛陀身，有前黑日嘎，有前显如来，有现菩萨相，有现闻法相，有讲欢喜莲，有以讽诵住，有造续及论，有者则受持，何须更繁叙，尊胜金刚手。”

具德金刚手传第三品终

弥勒

菩萨传

顶礼、供养、皈依怙主弥勒菩萨摩诃萨！

菩提之道也有捷径可走

《佛说大乘趋入慈氏经》中记载：

弥勒菩萨摩诃萨，久远以来行持梵行，承事先佛，增上善根，具有甚深法忍，正入慈心过八万四千劫，释迦佛才发菩提心。

过去无数不可思议劫之前，有妙金光佛出世，他的美妙金光恒时照耀世界。这位弥勒菩萨当时成为四洲自在转轮圣王，名叫金色。他于八十四俱胝年间，以一切供品供养妙金光佛及诸大菩萨僧众。梵天、帝释、四大天王也作侍奉。金色王以八十由旬、具足无量珍宝庄严的精舍以及异常精美不可思议的供品作供养。最终，金色王心想："我所做的这一善根，是为了获得帝释、梵天还是转轮王而回向呢？"妙金光佛知道他的分别念后，在他前方的虚空中化现出与自己相同的如来，以偈颂说道："梵等无恒坚，莫求下劣处，无量诸功德，利生发觉心。"

金色王以此发了无上菩提心。之后他请问佛陀："请佛指示如何才能不经布施头颅、手足等多劫痛苦而唯由安乐乘轻易获得甘露大菩提之道？"

佛陀对国王说："依靠菩提心能增长无量福德，依止不舍学处、慈心、誓言等的不放逸等……"如是宣讲了不经施身等苦行而由安乐乘成佛的学处。

国王出家后在万年之间行梵净行，修行神通，多闻臻至究竟，并成就了慈心等持。依靠这种善根和殊胜增上意乐，（他多世）成为转轮王，令二万佛陀欢喜，在他们面前出家。

智者说到做到，誓愿如石上刻字

以往过去无数无量劫之前，在宝伞如来的教法中，这位弥勒菩萨成为比丘，名为坚慧。他为了乞食而游走村落，当时心想："在没有使满一百数的众生受持五戒之前，我不进餐。"随后他出游，时而有一天使一百众生受五戒的情况，时而要两天到七天之间才圆满誓言。如此一来，他于七天中不进饮食，但由于对一切众生悲悯而心不厌烦，第八天才进食。在八万四千年期间，他以不厌其烦之心，于村落、城市等，使那些众生受持五戒。当那么多年结束后，他又使三百六十万俱胝那由他男女老幼受持五戒。

随后他想："我已经让这些众生受了五戒，现在该令他们趋入无上圆满菩提。"于是在他们跟前，于四万二千年期间赞说三宝与大乘，结果那些众生中有三十俱胝趋入了圆满菩提，剩余的则为声闻缘觉而发心。

后来，他又想："为令对三乘有信解的这些众生不放逸，要宣说入此等持。"其后他在二万一千年间，为那三百六十万俱胝那由他众生传授缘等持的教言，让他们尽可能修持慈心等持，并如是教授与随教——坚慧比丘行于村落的过程中，入定于慈心等持中而行走。他的脚立在门槛上时，心安住于慈心中，使他们也如实入于慈心等持中。

目睹了比丘慈心等持的如此神变后，诸位地上天神到处传扬："奇哉奇哉，这位菩萨摩诃萨真成了慈氏，当行走村落时，所有众生都入定于慈等持中。"这种声音依次从空中的天界到净居天之间辗转流布。

宝伞如来也随喜他的名字并授记说："这位坚慧，于此逝去后，生生世世成为慈氏菩萨摩诃萨，受到传扬。获得菩提时，佛号也是慈氏，在彼世界，声闻僧众不可估量，具足珍宝庄严的一切佛土安乐，于聚集的所有众生之中，成为弥勒如来。仅仅听到弥勒菩萨摩诃萨名号者，尚且善得最胜之得，更何况肉眼亲见彼而心生欢喜了。"

受持八关斋戒等，可以转生清净佛土

《弥勒菩萨受生兜率天经》[1] 中记载：

---

1 《弥勒菩萨受生兜率天经》所摘内容，在汉文大藏经《佛说观弥勒菩萨上生兜率天经（卷一）》中有。

遍知如来于此众眷属中，授记大菩萨弥勒证得圆满菩提:“自此过十二年后，他寿终会往生兜率天。兜率天诸天子为供养此一来菩萨，拿出自己的顶饰等装饰品而发愿，由天福力出现绝妙庄严美化的无量宫。兜率天的殊胜福德，就算如来住世一小劫讲说，也说之不尽。何人若想前往彼天界承侍弥勒菩萨，应受持五戒或八关斋戒，勤行十善，欲求（兜率天的）圆满快乐。（做如是观者）名为正见，其余见解称为邪见。

在如此拥有圆满安乐之地，这位大士弥勒，自此再过十二年，于春月十五日，在绕讷札巴乐城，于出生地——大婆罗门巴巴乐家，身结跏趺入定于等持中，其法体舍利宛若纯金像如如不动。之后他于兜率天七宝宫殿狮子座莲花上结跏趺坐化生，身体宛如赡洲纯金般。他身长十六由旬，相好圆满庄严，珍宝天冠中化现出无量如来及菩萨眷属，又有其余刹土的诸大菩萨，显示十八种神变并安住（天冠中）。

弥勒从眉间放出白毫相光，其光具有成百种珍宝色，（三十二相的一一）相（一一）好也流出夺目的光彩。他与许多天子（各坐花座上），昼夜恒常享用不退转法轮，最终宣说《慈氏受生赡部洲经》。

释迦王世尊灭度后，若有四众眷属守戒律、供佛塔、诵经典、造佛像、持诵弥勒名号，如是等人命终于兜率天中化生，面见弥勒，听闻正法，次第于贤劫诸佛前获得授记。若有人听到弥勒菩萨摩诃萨名号，欢喜恭敬顶礼膜拜，此人命终之后，不堕黑暗处，不转边地，不成执邪见、行不善者，生生世世投生为正直、见解、眷属圆满、不谤三宝者。何人破戒、造不善业，若持诵弥勒菩萨名号，对其顶礼，一心专注忏悔，将迅速清净一切罪业。若有人造其形像供养、持诵名号，命终之时，弥勒从眉间白毫放射光芒，众天子降撒曼陀罗花雨，迎接此人，此人刹那须臾间即得往生兜率天，面见弥勒，听闻正法，获得无上菩提道，未来也将面见恒河沙数佛陀。

未来时，某位众生若皈依弥勒，将于无上道得不退转，于弥勒成佛时，现见弥勒如来的光芒而得授记。佛陀灭度之后，四众眷属、天、龙、夜叉等，何者若想往生兜率天，当如是观，作意兜率天，受如来戒，或一日，乃至或七日，作意十善，以行持十善道的福德为转生弥勒菩萨前而回向、发愿，此等之人将现见天子、见到莲花。若有人仅一刹那持诵弥勒名号，将解脱二万劫生死之罪；听到弥勒而合掌之人，解脱五百劫生死之罪；恭敬顶礼弥勒者，解脱百俱胝劫生死之罪。假设不贪天界，也会于未来龙华菩提树下（值遇弥勒），为求菩提道而发无上心。”

《佛说首楞严三昧经》中记载：

佛言：“弥勒，你当为胜慧菩萨示现首楞严三昧的行境。”

胜慧菩萨及诸眷属，见此大千世界赡部洲中，到处都是弥勒在他们前显现：或住于天界，或住在人间，或在家，或出家，或如阿难一样承侍如来，或如舍利子般智慧高超，或如目犍连一样神通广大……诸如此类，如一切诸大声闻般显现各种身相，在世间中具彼彼想而入于村落乞食、说法、坐禅。众人见此深感稀有[1]。

知此知彼，推荐贤能

《宝积法部弥勒狮吼声》[2]中记载：

世尊问大迦叶尊者："你欢喜于未来后五百岁时护持正法否？"

大迦叶禀佛："我宁愿将四洲世界的村落、城市、山岩、大海及林园顶戴在肩上或头上，满于一劫或超过一劫，也不愿在非正士处听闻（其不信之音）；我宁愿于一劫或超过一劫以柏树或一粒芝麻维生，宁愿于大千世界劫末大火熊熊燃烧之中以四威仪安住俱胝年，也不愿于未来时在非正士邪见者前听闻（其破戒之音）；我宁愿忍受、承担一切有情的嗔恨、谩骂、诋毁、殴打等，也不愿在盗法者、伪装修行的那些愚人前听闻（其毁禁之声）。我只具足相似的行为及智慧，因此无力荷负如此重任，唯有菩萨，才能胜任此等重任。

世尊，譬如老态龙钟之人罹患疾病，身边无有子女、侍从，如果有人托付他珍宝也是浪费。同样，声闻具有相似的智慧和行为，无有助伴，若

1 此段内容在汉文大藏经《佛说首楞严三昧经（卷二）》中有。

2 《宝积法部弥勒狮吼声》所摘内容，在汉文大藏经《宝积经（卷八十八）》中有。

对其传授妙法宝藏，也不能令法久住。

又如无病之人寿命数十万岁，韶华尤在，眷属功德圆满，若有人对他托付宝藏而自己前往他境，返回之时，宝藏也能被如数归还。同样，若对菩萨传授法藏，数十万俱胝劫也不唐捐，并能利益芸芸众生，使三宝种姓延续不断。因此，应对这位弥勒菩萨托付正法。”

世尊对大迦叶赐言“善哉”，并将由无数劫善根所成就的金色右手放在弥勒头上，如是说道：“弥勒，你于未来后五百岁正法隐没之际，当欢喜护持、受持妙法，使之长久住世，令三宝种姓不断。”

佛（伸手对弥勒）摸顶时，整个世界震动三次，遍布大光明，上至色究竟天。诸位天人合掌（对弥勒）说：“愿您欢喜利益芸芸众生。”

敢于荷担如来家业

弥勒从座而起，顶礼世尊，如此回禀：“世尊，哪怕为了利益一个有情，于未来际流转轮回我也欢喜，更何况为受持妙法、为护持如来无数劫成就的无上菩提了？”弥勒（说是语时）右膝着地，即刻大千世界出现六种震动。

弥勒呈禀：“世尊，我不与谁竞争，无有傲慢。为什么？受持妙法，是正事业，菩萨之此任，声闻、缘觉不能承担。”

世尊对弥勒说："善哉，善哉，于我前你能为受持正法传出此狮吼声，如是于十方恒河沙数佛陀前，诸位菩萨也能传出狮吼声，受持正法。"

弥勒呈言："世尊，请宣说（未来世）愚痴之人自称菩萨、自诩比丘，为利养恭敬而生诸过失之事，以此令他者防非止恶，并且生起'如来知晓我所为'的清净心。"

佛陀告言："未来后五百岁之际，有人自求罪业，自称菩萨（而行狗法），以利、敬、诳、悲惨生计而维生的四因自诩菩萨，如狗般流浪（至施主家，见后狗）纷纷出现（而心生嗔嫉，内心认为'这是我家'。）如狗般将施主执为我所，嗔恨他人，发起争斗，口出粗语、恶语。为谋求衣食，仅以词句赞叹佛陀菩萨、波罗蜜多、四摄事等，自己却不行持。前往俗家，不是为在家人起信而是为自我利养，见别人得利养不喜，见别人不得利养而随喜，如此完全不符令他安乐、慈悲为本的菩萨之道。这些人不修身、不修心、不修戒、不修慧，为财利前往俗家，非为法利而前往，谈论世俗之语，不护三门，认为造作堕罪只要忏悔就能清净，于此不加防范。如是主要为获财而非为行法，是极大罪业。

此外，未来时，不调柔比丘欲以画佛像维生，舍弃比丘应行之事——禅修及闻思，而精勤于在家人所行画佛像、供养之举，琐事繁多，赖此维生。若有善男子或善女人以七宝造佛像，认真擦拭，所造佛像高如须弥，如是佛像多如甘蔗林、芦草园、果树、芝麻树般充满恒河沙数佛刹，而另有

菩萨了知佛身本空的法相而于此证悟，那么即使弹指间堪受此甚深证悟，所生福德也远胜前者。尤其若安住戒蕴，受持一四句偈，证悟其义，并为乃至一个众生宣讲，所生福德也较前更多。何人恒河沙，世界满至宝，胜喜心供养，赐偈一众生，施宝极广大，悲成施偈颂，不及不可数，二三岂可思？

弥勒，如来右手有光，名为一切福德成就之等流庄严，如来若想，能以此光掩映整个大千世界，令一切众生获得一切安乐资具。(此光可）布施衣食珍宝等一切所需，却不能令有情从无始无终的轮回苦海恶浪中解脱。因此，我不布施众生世间安乐资具，只赐予出世间安乐，通过真实宣说法宝，令听闻者永远消除一切痛苦。弥勒，是故你应随学我（无上法施），切莫贪财而要重法。

弥勒，如是菩萨自度而度他，发愿摄受一切有情，令其解脱、令其安隐、令其涅槃。我观一切世界，包括天上地上的众生，不见一人能像菩萨一样荷负如来所有事业、重任。譬如有人将大千世界的高山、大海、森林放于头顶或肩上，十万劫中如此背负而不休息，这是极大的负荷，彼人虽具大力、大欢喜，然而与之相比，将众生安置于涅槃安乐，此任更重、更令人欢喜、更具大力。若有人具备弹指间就能成办大千世界一切有情所有事的大力，也比不上口中言说‘救度一切有情脱离轮回痛苦’并付诸实行的力量。

譬如一位施主独有一爱子，国王说：‘施主，你由此去十万由旬以外的某某村落，为某个目的要去七天，再返回我跟前，若能如此，我可以把你的妻儿、眷属及财物还给你，并将国家的一半赐予你。假设你从那个村落取回某物，但七天七夜没有返回，那么不仅得不到一丝一毫，而且你的妻儿、眷属将被杀掉作为惩罚。’于是那位施主具足神力飞快而行，在没有办成事情之前不会生起散乱、进餐、昏沉、睡眠之心，（但即便）具有这样的大精进，也比不上菩萨大精进的百千分之一。为什么？菩萨为使持续被追逐的一切众生斩断这种相续，安置于无有动摇的涅槃法界，就像力大无穷之人为了制止四洋所有的水入于大海的水流而令其降到无热恼海中，与这种难度和奇迹相比，菩萨以大悲为正等菩提发心策励而行，更为难能、更为稀有；与之相比，通达三宝与业果决定存在，更为难能、更为稀有。如是类推，与为遣除生起三毒之心相比，全然舍弃亲友受用，为出家而从家中迈出七步更为难能、更为稀有；与之相比，身披袈裟，信奉善说之正法而出家，更为难能、更为稀有；与之相比，勤奋修学教言及学处更为难能、更为稀有；与之相比，不喜愦闹，希求寂静而迈七步更为难能、更为稀有；与之相比，信受诸法空性更为难能、更为稀有；与之相比，于深法获得相应法忍更为难能、更为稀有；与之相比，现前三解脱门而证得预流果乃至阿罗汉更为难能、更为稀有，为什么？对圣者法起信，获得比丘法，得果极难之故。

为此，出家后不应舍弃菩萨之事而行凡愚之事，要斩除悭吝心等，具足菩萨二十事及四誓愿而如毒般舍弃违越学处。不报恩、谄曲、妄语、违越学处是阻碍一切智的四法，当远离利养恭敬、恶友、愦闹之处。尤其是，当逃离以嗔心争论之地百由旬，切莫生起嗔心。（若有菩萨，）谩骂、殴打、刃击大千世界的一切有情，也比不上对其余菩萨生起一念嗔心罪过严重，此将玷污、失毁菩萨，如同以铁能断铁而以土块等不能断铁一样，菩萨的善根，以嗔恨另一菩萨能灭尽而以他法不能灭尽。因此，彼此要心怀恭敬、爱戴，对初发心的菩萨也要生本师想。”

铿锵有力的教言，行人应为之震撼

大菩萨弥勒如此呈禀：“世尊，我对一切有情尚且心怀恭敬、爱戴，更何况对所有菩萨了。为什么？我不喜嗔心而圆满安忍；不依谄曲而圆满殊胜意乐；不贪在家，不执我所，不贵财物而重正法；不求衣食而寻传家法宝；远离嫉妒、悭吝之缚而欢喜他人圆满，施舍圆满；不唯求沙门之名而修学沙门功德；不勤空谈而行实修；不贪执利养恭敬而琐事鲜少，求佛功德；不以染心入村落而以作意一切智之心入村落；不为法衣、化缘而诈现威仪，无有谄曲行，以四圣种知足；不学凡夫行而学佛陀行；于他过失不加分别，自心精进随于寂静调柔之行；不谈堕罪而禁护语业；远离破戒而修学别解脱；不依赞叹佛法僧而自我维生，赞说三宝令众欢喜并依止修行；不为他见而诈现威仪流泪，以正法自然流泪；不住种种所行愦闹染污之处，而精进寻求正法；不喜世间所为而欢喜寻求出世间正法；不积蓄食物，无有诈现威仪而行；不执著一处一境而如野兽般云游；不勤随行化缘而勤寻佛陀功德；不以昏睡躺卧，上夜下夜不眠而精进；不以愦闹勤行而喜爱寂静；不以少分功德知足而寻求功德不厌足；不行狗法而行狮子所吼之法；不作暂时亲友而作极其稳重之亲友；不行不报恩德而极其感恩报恩；不以布施之回报作亲友，而以殊胜意乐作亲友；不伪装殊胜意乐而做到殊胜意乐稳固；不信受下劣法，当求成就广大佛身；无不恭敬如来及学处而恭敬如来及学处；心语不行挑拨离间之两舌而如实言说；不作诈现威仪之菩萨而精进随行圆满殊胜意乐、寂静调柔行；不生慢中慢而如低贱种姓之子必摧我慢；不以贪心享用斋食而以清净戒律于施授作沉重想；不以非理作意为先于正午躺卧昏睡而为修行佛法精进行持；离于人我见而住空性；离于分别妄念迷乱言说而住无相；身体不作诈现威仪而使身语意业际清净；不以财染之心相续说法而以无染之心说法；不以财利作为亲友而以法施作为亲友；不令自他忧恼而为利自他修行；住于寺院、化缘、尸林不作诈现威仪而真实受持十二头陀功德，也不求利养恭敬。”

世尊对大菩萨弥勒说：“善哉，善哉，你能传出如此精进寻求佛陀功德的狮吼声！你曾于先佛前承侍，生起善根，此等法及功德不依于他，善哉，善哉。”

大补处的这一狮吼声，为利末法五百年的众生而以大悲心发出，浊世的初学菩萨、出家菩萨及说法菩萨们深思至关重要。因此在这里详细摘录。

十方信财，小心享用

当弥勒说这一狮吼声时，眷属中有五百比丘从座而起，离去。大迦叶尊者问他们："宣说资具鲜少之语时，你们从座而起去往何处？"他们说："大菩萨弥勒的如此资具鲜少之语实在难能，我们心想：我等不具这些资具鲜少的功德，不如还俗为好，为什么？信士之施授，难可享受、难可消化。"

文殊童子对那些比丘说："善哉。诸善男子，善哉，不愿享受信士所施，当如此警惕、后悔。宁可一日内百次舍弃出家，也莫以不清净戒律而享用信士所施。"

文殊童子请问世尊："世尊，如何开许信士所施授？"

世尊告言："文殊，我开许具有智慧和解脱者享受信士所施授。"

文殊童子对那五百比丘说："具寿长老，你们当行、当勤、当努力，佛陀出世难得，请不要还俗。"

他们问："文殊，我等当如何行持？"

文殊童子说："诸位比丘，你们如若如实行持、努力、勤奋，则不行少法，不辨少法，如是不行生、灭、取、舍、减、增之少法，当如是而行。诸位比丘如是而行，也不证悟少法。不证悟少法，即无所去、无所来。何者无去无来，彼称比丘，不依于何者，也非不依。”通过他如此解说，五百比丘心无所取而解脱一切漏法。

前因后果

《宝积法部弥勒请问经》[1]中记载：

弥勒菩萨摩诃萨请教世尊菩萨行的教授，并以最大的欢喜心，用如理的偈颂赞美出有坏。阿难也称赞弥勒菩萨的辩才和说法。

世尊告言：“的确如此。弥勒菩萨辩才圆满，以极其确定之词说法等，实属稀有。他不仅如今以如实偈颂赞美我，往昔也曾以如实偈颂赞叹如来。

在过去十大阿僧祇劫之时，普明施戏神通如来出世，这位弥勒菩萨当时成为婆罗门童子妙净。他见到如来（身色光明）油然起信，心想：‘愿我将来也变成这样的身体。假设能够变成这样，但愿如来的尊足接触我身体。’那位如来知晓婆罗门童子的想法，于是到他跟前，用脚接触他一下，即刻他获得了无生法忍。随后，那位如来目视众眷属，告诸比丘：‘你们

1 《宝积法部弥勒请问经》所摘内容，在汉文大藏经《弥勒菩萨所问本愿经（卷一）》中有。

不要践踏这位童子的身体，为什么？因为他已获得无生法忍。’

当时，婆罗门童子妙净也成就了神通神变，以如实偈颂赞叹如来。从那以后，妙净童子的神通神变永未退失。”

感恩伟大的释迦佛摄受我们这个世界

阿难问佛：“世尊，这位大菩萨弥勒既然那么久以来就获得了无生法忍，为何没有成就无上菩提佛果？”

世尊告言：“阿难，一切菩萨的庄严与摄受有两种，是哪两种呢？庄严众生与摄受众生，庄严佛土与摄持佛土。大菩萨弥勒行菩萨道时，以庄严清净、摄受（众生与）刹土（，故不取佛果）[1]。”

阿难说：“我也要庄严净化、摄持众生，庄严清净、受持佛土。”

佛言：“阿难，要知道菩萨弥勒真实趋入正道四十二劫后，我才发起无上菩提心，本应在此贤劫过后九十四劫才成佛，然而我以广大精进迅速成佛，不惜所有财产、受用、国政、妻、儿、头、目、血液、骨髓、肢体而行布施之十法，以及安住持戒、安忍等十法，以此速得无上菩提佛果。

1 经云：“佛语阿难：菩萨以四事不取正觉，何等为四？一者净国土，二者护国土，三者净一切，四者护一切。是为四事。弥勒菩萨，求佛时，以是四事故不取佛。”

先前我成为施宝王子时，将自己身体的血液全部施给患者，使他们病愈。四大洋的水可量，我往昔为菩提而布施的血液无法计量。

在转成花童王子时，我刺破自己的身体取出骨髓，涂在病人身上，消除其疾病等。为了无上菩提，我取出的骨髓超过四大海洋，不可限量。

成为月光国王时，我将眼睛施给盲人等。为了无上菩提，我布施的眼睛多于须弥山王的微尘数，不可限量。

弥勒菩萨以往行菩萨道时，顺利趋入安乐乘，以安乐道而真实修行无上正等菩提。弥勒往昔行持菩萨行时，不曾布施过身体、肢体、妻儿、朋友、皇宫，以善巧方便摄持而轻易趋入安乐乘，以安乐道成就无上菩提佛果。”

阿难请问：“世尊，弥勒菩萨轻易修行无上菩提的善巧方便是什么？”

佛讲述：“弥勒往昔行菩萨道时，昼夜三次心怀恭敬现行一切佛陀及其发愿的情形。弥勒以往行菩萨道时，使众生三毒轻微并具十善业道，将来自己成佛，也以如此清净出现如是时间与量，当一切众生三毒轻微、具足十善业道时，大菩萨弥勒以发愿力，现前无上正等菩提而成佛。

阿难，我以往行菩萨道时，曾经发愿：‘但愿我于具五浊的世间中，众生三毒粗重、旺盛，贪执非法，为贪执所压，被邪法所持，嗔恨父母、兄弟姐妹、夫妻、亲友，嗔恨亲教师、轨范师，（愿我在此等）有垢野蛮、一无所知之人群中，成就无上菩提佛果。’处于如此悲惨时期，我现行大悲，具足大悲。（以此愿故，）我今步入村落、城市、国境、王宫为诸眷属说法，（多有众生）对我恶口相骂，于众人中口出粗语，阿难，或有说我是断见派，或有说我是常见派，或有谈论说眷属欲望多，或谈论说欲望大。步入俗家时，他们或远离我，或施给杂毒之食，或制造火灾，如是我已成佛，却也被诽谤与则丹玛有染。阿难，我现行大悲，具足大悲，现今对如此众生讲说正法。”

阿难白佛言：“世尊，对如此众生说法，是如来肩负调伏难化的难行之举。”

佛告言：“的确如此，因为如此难行，是以如此大悲摄持。”

得到教授，最重要的还是要脚踏实地去做

《华严经》[1] 中记载：

吉祥生童子与吉祥慧童女对商主之子善财说：“善男子，南方一带古尼海边果树篱笆大幢内，有一大楼阁，名为普明庄严藏，是从菩萨善根果报所生。在那里，弥勒菩萨摄受住异生地的人们，并为成熟一切菩萨而安

1 《华严经》所摘内容，在汉文大藏经《华严经（卷三十二）》中有。

住于此，去他跟前请问一切菩萨行吧。为什么？那位弥勒菩萨行持一切菩萨行，了知一切众生之心，并能随其行为而行，成熟一切有情，圆满波罗蜜多，善住一切菩萨地，获得此等一切功德。那位善知识能使你的善根及菩提心、菩萨根性等一切功德增上，为你宣说普贤行。你切莫以行为、愿力功德等为满足，如众生界边际（无尽）一样，你需要圆满无量菩萨行。为此应寻觅善知识，切勿诋毁。一切菩萨行依赖于善知识，来自于善知识，依善知识而生。”他们赞说了诸如此类的许多功德后，又说：“当不间断如是作意，为了依止善知识，应以（如大地般）负荷一切重担不厌其烦的心态等依止善知识。”如是讲了详细道理。

依他们所说，善财菩萨以最清净超群的行为去依止善知识。其后，他以趋入无量智慧行境的智慧眼观看，（当见到弥勒菩萨后，）在普明庄严藏楼阁门前，五体投地顶礼。凭借他的殊胜意乐和愿力，让自己显现在一切如来面前，以及诸位菩萨、善知识之处、佛塔、圣众、上师乃至父母跟前。他依靠这种方式跨越一切法界而作礼，并加持其乃至未来际连续不断，以随行等性的菩萨甚深安住法而安住，如此说道：“此得大悲而清净，慈师吉祥勤利世，灌顶住地佛长子，随念行持佛陀境。一切大名诸佛子，住大智境住解脱，无碍周游诸法界，无比安住即如是。”说完此等偈颂，喜见弥勒菩萨，并久久伫立。

他看见弥勒菩萨那座楼阁外的其余方向，有成百上千的众生眷属，帝释和梵天世间怙主等、天龙夜叉等许多君主在进行供养，成百上千的婆罗门前后围绕。善财来到那座楼阁旁边，无比欢喜，异常悦意，亲眼目睹弥勒菩萨后，对其远远作礼，五体投地。

弥勒菩萨看着善财，用右手指示给众眷属说："且观意乐普清净，坚财之子名善财，寻觅微妙菩提行，来至智者我之前……"以偈颂赞说了他的功德。

善财坐在弥勒面前请问："圣者，如果要趋入无上菩提，我该如何修学勤行菩萨学处？圣者弥勒，您一生当成就无上菩提佛果，已真实超越一切菩萨行，菩萨行持无有过失，圆满一切波罗蜜多、安忍门、菩萨一切地、一切解脱门、等持、陀罗尼、辩才、神通等所有功德，受持佛陀法藏及秘密藏，是罹患烦恼疾病的一切众生之妙药，于一切众生中为最胜者，是一切世间君主之王、一切圣者之首、一切声闻缘觉之尊，于一切生死轮回海中为船师，显现为一切佛陀之眷属坛城中及众生之处，不为世间法所染，超越一切魔境，随住一切佛境界，无碍证得菩萨一切境，住于正法大国政，于一切智境获得驾驭之方便。既然您于一切智尚且获得驾驭之方便，那么该如何修学菩萨之行为？菩萨怎样策励而行，才能获得佛陀之一切法，满足一切有情的心愿，不间断三宝种姓？请予赐教。"

弥勒菩萨看着眷属，指着商主之子善财说："这位商主之子善财，为了成就菩萨行，以殊胜意乐与不退精进寻觅善知识，不厌其烦去依止承侍。在吉祥源城被文殊童子予以摄受，后云游南方地带，参访了一百一十位善知识，最后来到我面前，这期间一直无有厌倦而以殊胜意乐前往。如此趋入大乘的大愿，来自于想救度一切众生。"这般高度称赞一番后，又说："善男子，菩提心犹如一切佛法之种子……"以比喻真实赞叹、详细说明了菩提心的功德。

"善男子，你询问菩萨当如何修学（菩萨行），那就到普明庄严藏楼阁中看看吧，由此将会了知。"说完，弥勒菩萨在那个楼阁门前一弹指，门自动打开，善财步入其中。

一幕幕超凡入圣的景观

善财发现，这个如虚空般广阔的妙宅，由无量饰品所严饰，它里面又如前一样显现出数百千其余楼阁，彼此互不混杂，都以影像形式呈现出种种大庄严。见此情景，他情不自禁增上欢喜而作礼。

依靠弥勒菩萨的威德力，他自见其身，遍于一切诸楼阁中，并看见那些楼阁中种种不可思议的神变行境：在有些楼阁里，有弥勒菩萨最初（发菩提心时）转生的种姓、名字、种族等，当时如何积累善根，在哪位如来前发菩提心，诸多情形一览无余、一目了然。还有，昔日那些众生及如来的寿量是多少，善财知道自己当时也在那位佛前，并见到了那些情形。

在有些楼阁里，显现了弥勒菩萨最初获得慈心等持，并由此得名慈氏。在有些楼阁里，展示了弥勒菩萨在何处行菩萨行。在有些楼阁里，看到弥勒菩萨圆满波罗蜜多，有些是显现弥勒菩萨趋入安忍，有些是得地，有些是受持佛土庄严，有些是受持佛法，有些是获得无生法忍，有些是获得菩提授记等，有些是弥勒菩萨成为转轮王将众生安置于十善道中，有些是成为世间怙主，有些是成为帝释天等等，种种生世利益众生的情形。有些是在三恶趣以慈心消除痛苦；有些是在天界等一切处以慈心讲法，如是为初学菩萨乃至十地菩萨宣说种种法门；有些是行法、学工巧明、诵经、缮写妙法，入定于不同无量三摩地……诸如此类的行为无边无际。

在有些楼阁里，弥勒菩萨身体的一一毛孔中，出现天、夜叉、转轮王乃至如来身等种种身相的大妙云。（在有些楼阁里，）见到（以妙音赞诸菩萨）无量种种法门。在有些楼阁里，看到刹土、身体等各不相同的如来无量眷属坛城。

在（普明庄严藏楼阁内的）所有楼阁中，有一个楼阁比其余更广阔、更庄严。善财见其显现出整个大千世界，其中百俱胝四洲和百俱胝的兜率天，（一一皆有弥勒菩萨。）在赡部洲，弥勒菩萨从降生到成佛、转法轮，以种种利乐成熟有情，之后加持佛法住世，最终前往天界。当时，商主之子善财自身也在他面前长期承事，以不失正念通达一切相的方式而了知（一切佛事）。

又听到从那些楼阁的铃、銮铃、璎珞、乐器、歌曲等应有尽有的所缘中，发出不可思议的法云苍鸣，有些是菩提心的音声，有些是波罗蜜多行为的音声……诸如此类有不尽相同的种种法门音声，并听到宣说不同菩萨从最初发心到成佛、佛法住世期间种种行为的种种情形。依此，善财获得了陀罗尼、辩才等多种不同的功德门。

又见到楼阁一切庄严宝镜中，有清净、不清净的种种世界成坏住的情景，以及其中一切众生及种种菩萨的不同行为，都如影像般了了明现。又见到那些珍珠璎珞中常降下香气芬芳、具八功德的水流。又见到琉璃璎珞犹如灯鬘般（光明照耀），所有伞盖中，珍宝饰物流苏摇曳，所有池塘里有大小不同的种种珍宝花，天人等、声闻、缘觉、菩萨的种种身相及一切众生的种种身体都在恭敬顶礼，如来跏趺而坐，大地由琉璃所成，（琉璃地的）一一步间格，显出不可思议的不同影像。又见到此刹土的珍宝树中，出现如来、菩萨以及手持多种供品的众生等不同半身色像的种种情景。又见到在（诸楼阁的）半月形大氅中，散射出日月星辰的无量光明，照亮十方。又见到在无量宫及楼阁的所有墙壁上，依次有弥勒菩萨（累劫修行）

的一切行为：那些方格里，或是弥勒菩萨布施头目等肢体、妻子、儿子、境域、富有之国政等情形，或是令众生解脱图圄，及依靠船筏、马王的力量救度有情等等，或是他以佛陀、种种有情的许多身相及诸多威仪调化众生的无量神奇事迹……

对于一切楼阁一一物中不可思议的庄严，及其处境的种种幻变，善财依靠不忘失忆念力，以及弥勒菩萨的智慧加持，以清净眼见到了无数景观。就这样，借助菩萨的加持及现见三界如幻的智慧，善财灭尽了其余想。就如同有人在梦中见到种种外境，并长期享用受用，不管做梦的时间有多长，如果没有认识到是睡眠，醒来时又会追忆那一切，（而若了知是梦境，醒后则不会执着。同样，若知晓三界如梦，就能灭尽一切狭劣想）。

善财以菩萨业的不可思议力，得见如是自在境界。这就如同一个病人将要命终时，以业感现前（所受果报，或生于）不善业的世界，转生有情地狱遭受焚烧的痛苦，感受彼等寿量，或以善业之因而转生天界，享受天人的快乐及其长寿。尽管（他还没死，）明明知晓由此转生彼处的现象不存在，但（以业力）却可以如是显现。

善财依靠菩萨的加持力而见（一切庄严境界，若有人问及，都能回答）。这就如同有人被魔附体，会看到各种色相，也能问答各种问题。

善财依靠菩萨的加持，于短时间可见无量劫。这就如同去龙宫的人，一旦拥有龙的想法，会出现一天已过一百年的情形，可若离开了龙的想法，以人的想法似乎只过了顷刻间。

譬如大梵天的无量宫，一切众生称之为庄严绝妙，于中可见三千世界所有一切，以影像的方式互不混杂、明然呈现。（善财也是）同样，于楼阁中普见一切庄严，种种差别不相杂乱。

譬如比丘若入定于尽处或遍处，或住或立，正当入定的同时，禅定的境界不可思议。善财（也是同样，）目睹并领受（楼阁的种种），如身临其境般体会到了这种意境。

譬如寻香城的缥缈、庄严，由虚空而生，故知其无有障碍。譬如夜叉的无量宫殿，处于人的舍宅里，而人的舍宅又在夜叉的宫殿内，二者（同在一处而）不相杂，各随其业所见不同。譬如大海中可如影像般映现整个大千世界。譬如幻师以密咒、圣物的威力，可幻化出种种色法。与此等比喻依次对应，商主之子善财也得到弥勒菩萨不可思议的威神力、幻智力、菩萨的自在与加持，了知一切法的智慧幻力而现前成就的威力，自在见到那些广大的神变行境，以内心领受、观察思择作为因，由此所缘得以开悟。

一切尽在不言中显现

随后，弥勒菩萨到了那座楼阁里，收回那些加持，对善财说："善男子，诸法的法性就是如此，这是菩萨知诸法智因缘聚集所现之相。如是自性，悉不成实，如同幻术。"他以弹指声，将善财从此等持中唤出，并问他："见到菩萨的神变吗？"

善财呈禀："圣者，依靠善知识的加持已得见。这一等持叫什么？"

弥勒菩萨说："这叫'知入三世一切所缘正念无失庄严藏'。这样的等持，有不可言说、不可言说（的解脱门），是一生菩萨才能获得的。"

善财问："圣者，那些庄严于何处才有？"

弥勒菩萨告言："所来之处，皆由菩萨的加持。因此，它虽然无来无去，也不住何处，但依靠菩萨智慧幻的威德力就会显现。"

善财又问："圣者，您从何处来？"

弥勒菩萨说："菩萨以无去无来等方式而来，如同光影、影像等一般。（然而，你若问我从何处来，）善男子，我降生于蔓力城邑，那里有商主名为护地，他安住于佛法，为当地人相应说法，真实劝勉父母、婆罗门、施主、亲友行持大乘，我从彼处来。"

善财请问："圣者，何处是菩萨的诞生地？"

弥勒菩萨告言："由菩提心，转生于菩萨种姓中，因此是一切菩萨的诞生地；由殊胜意乐，转生于善知识种姓中，因此是菩萨的诞生地……如是菩萨有十种不同的诞生地。此外，一切菩萨以善巧方便为父，以般若波罗蜜多为母……趋入无有过失的菩萨种族，远离凡夫地，以如幻的行境示现投生等获得自在。"

弥勒菩萨又如是说："善男子，我以与众生一切生处的身体与行走同等的差别身相、不同语言、种种名称、众多威仪、各种投生等的神变充满法界，令往昔同缘而行、今却舍弃菩提心的有情得以成熟。于南方一带的蔓力城邑，我为调化转生于此、有家室的婆罗门种姓的人们、父母、亲友，令其不以种族殊胜而傲慢，得生如来家族中，故示现投生于此赡部洲。我在南方一带，依靠如此方便调化有情，并安住在这座楼阁里。由此离世后，为成熟兜率天同缘而行的天子们，与一来菩萨真实同行，令释迦如来散放的调化莲花竞相绽放……为此，我示现投生到兜率天。待意乐圆满后，时机成熟时我将成就遍知佛果。纵然获得菩提，善男子你与文殊童子，也仍然能见到我。"

未来的弥勒佛

《弥勒经》中记载：

释迦王如来涅槃后，果期、修期、教期、唯持形象期这五千年佛法圆满时，会出现所谓的舍利期，此时只是以舍利作为供养处。舍利也隐没之后，人们的恶行不善业增长，一直到人寿十岁之间。当时，饥馑劫、疾疫劫、刀兵劫逐渐结束，幸存的人们心生厌离，开始奉行善业，如是次第增上，人们寿命增长，当时的幸福快乐犹如北俱卢洲。

从寿命下减开始直至人寿八万岁时，这位大菩萨弥勒约于十六阿僧祇劫及十万劫中，圆满布施波罗蜜多及三十波罗蜜多，于救度一切众生的同时，将受生的余身作大布施，完全圆满波罗蜜多，命终后转生到兜率天。之后，再入于赡部洲具顶王宫中辅佐转轮王海螺的婆罗门种姓梵妙之夫人——具梵母的胎中，尔时，数以万计的世间界震动。过了十个月，弥勒于鹿野苑降生，此时依靠自己的福德力，七宝所成的四座美宅出现在大地上。（长大后，）他与拉姆达瓦东坚等美如天女般的众多女子相伴，在一千年中享受天界般的快乐。

一天，他见到一位出家人，此后不再喜欢珍宝美宅，生起想要出家的心念。当时，在弥勒的那座美宅周围，三千万天人手持天花等聚集一处，海

螺国王等众大士夫带着供品云集围绕，空中的天人们传出“善哉”之音，那声音（在天界辗转相传，）一直传到色究竟天。尔时，那座美宅如同陶师的轮盘般飞到空中，弥勒菩萨连同群妃如众星捧月般一同升至虚空。大梵天撑起量同十万由旬的白伞，帝释天王吹奏起海螺，弥勒菩萨被具德善缘的天女众所围绕，前往自己的龙华菩提树下。

那棵菩提树的量有一百二十肘，树枝的高度也与此量相同。树上有具妙香的鲜花，花香遍及十由旬，在缤纷落英掩映的菩提树下，整个地方令人赏心悦目。伴着各种各样的飞禽以动听音声供养，菩萨弥勒安住七日后出家并接受了大梵天的供品。他的所有眷属也均出家。随后，弥勒菩萨享用拉姆达瓦东坚献上的极其甘甜的奶酪，初夜于菩提树下结跏趺坐，目视东方安住时，即刻现前无上智慧。

弥勒佛在那棵树下安坐四十九日。后来经梵天祈请，为转法轮而前往鹿野苑，他的双足所踏之处，全部出现三十肘大瓣莲花，其中小瓣二十五肘、花台二十肘、中央十六肘。弥勒佛身体的光芒遮蔽余光，分不出昼夜，但以鸟鸣声和莲花开合可区别昼夜。

出有坏弥勒佛的身量，高八十八肘，从足到膝盖、膝盖到脐、脐到锁骨、锁骨到顶髻之间各有二十二肘，双肩之间二十五肘，每一锁骨长五肘，双耳之顶到头顶有七肘，每一眼睑各五肘，双眉长五肘，双眉中央之间为五肘，鼻为七肘，上下唇的纵长各四肘，舌圆五肘，顶髻五肘，如金镜般的面部为二十五肘，颈为五肘，双臂各长四十四肘。

无比的佛陀、庄严的如来，为一万世界周围的天人转法轮，随后于人中转法轮。凡想见到弥勒佛者，现在就要为三宝行事，并尽可能奉行波罗蜜多善法。

补处弥勒传第四品终

虚空藏

菩萨传

顶礼、供养、皈依虚空藏菩萨摩诃萨！

未见其人，先闻其德

《大乘虚空藏经》[1]中记载：

世尊在卡拉德嘎山时，与无数声闻、菩萨眷属一起安住。如来吉祥妙语授记完毕，即刻从西方显现帝释所持的数十万宝珠环绕的如意宝珠，其光芒使这个大千世界所有呈现的色法，除独一无二的如来以外，其余有情的身体、四大一概不现，统统成了无边无际的虚空自性。众人各方观察，除了唯有如来的身体昭然而现及宝珠的光芒之外，自他的身体、日月之光及色法等一无所见，而且对一切心与心所也不生我所执及六处之想。尽管在场住十地的菩萨获得了首楞严三昧，可是除一来菩萨与最后有者以外的其余菩萨、声闻、天人等与会大众，全部恐惧不安、惊惶失措、心生悲哀，彼此都迷茫一片，心烦意乱，相互不见，只是互问："这到底是怎么

1 《大乘虚空藏经》所摘内容，在汉文大藏经《虚空藏菩萨经（卷一）》中有。

回事？一切都不显现了。”

当时，大菩萨梵钉顶礼世尊，白言：“请佛以大瑞相的方式对愚昧迷茫的这些眷属赐予安慰，请于此处的大菩萨显示甚深法语。”

世尊告言“如是……”即刻，所有眷属都一如既往得以现见。

接着，世尊伸出右手，如此告言：“虚空藏菩萨摩诃萨，等持等同大海；菩萨学处如同须弥；智慧等同虚空；精进如风；安忍如金刚；如一切菩萨之胜幢；将一切众生安置于涅槃处，如商主；如一切善根之宝藏；如一切痛苦者之妙瓶；如步入黑暗者之日；犹如迷路者之月；如畏惧者之山王；如为烦恼疾病所恼者之妙药摄生术；如断绝善根者之手杖；如以花鬘维生者之花；如奉行戒律者之镜；如知惭有愧者之衣；如趋向涅槃者之台阶；如行往彼岸之船；如走向善趣之梯；如为恶语诽谤所恼者之伞；如反驳对方者之狮；如求雨者之水；如遭魔敌者之盔甲；如打开破戒者之目；如一切善根庄稼之地；如一切患者之药；如饥饿者之粮；如干渴者之水晶；如疲惫者之榻；如具等持者之火晶；如入菩提道者之乘骑；如游戏乐园者之池；如精进菩提分法者之鬘。彼善来，善男子，他如到彼岸者之果；如具十地者之摩尼宝珠；如具首楞严三昧者之森林；能断除一切恶见之行，如利刃；犹如摧毁一切习气结生烦恼之金刚，诸魔难胜；具足方便者之吉日；开启智慧之门，一切佛法之处；如同缘觉之鬘；如同一切声闻之衣；犹如一切天人之目；犹如人类之道；成为旁生之庇护、饿鬼之所依、地狱众生之怙主；一切有情之施主；犹如一切菩萨之乘骑；犹如三世一切佛陀之臣；是法城之护门。彼善男子以乃至佛陀十八不共法之功德为庄严，具足圆满佛陀一切智慧，除如来之外，为其余有情所供养之一切圣者都应当供养的善男子。汝等当迎接、供养、恭敬他，（若如此，）汝等也将获得如是殊胜功德。”

聚集当场的众眷属从座而起，向虚空藏大菩萨合掌，欢喜而视。他们心想：“我们该以何等殊胜庄严供具，承侍供养这位善男子呢？”

此时，虚空藏菩萨以威神力，令娑婆世界（的丘山瓦砾、荆棘坑坎等）变得平坦如掌，七宝为地，以七宝所成的林树等严饰。（整个世界）无有三恶趣以及疾病等一切痛苦，众生皆普获衣、食、装饰等，具有最美的身色，意乐悉皆圆满，烦恼全然寂灭，对三宝无比信奉。在场的每一位有情，双手都拿着宝珠，其光普照整个娑婆世界。伴着各种乐器声，天降各式宝珠、妙衣、装饰、花、香、鬘、伞等大雨，天界的衣饰、花朵、蛇心旃檀等，遍及道路左右。如尊胜宫般的七宝美宅内，欲界自在天美丽的妙龄妃子奏出具五音声的铙钹妙音，欢悦嬉戏。在世尊的头上，天人宝珠所成的大梵天伞般大约百由旬的伞盖点缀着珍宝璎珞、珍珠饰品，发出胜似人天的铙钹声；依于大地的一切草木花果等，也发出如此动听的赞叹妙音，凡是闻此妙声的众生，都于无上菩提得不退转。

目睹如此广大庄严，众眷属倍感稀奇，不禁暗想：“该如何摆设那位圣者的坐垫？”

此时，世尊面前从地踊出种种珍宝所做的宝莲花，约一闻距，由数十万莲花台所环绕。虚空藏菩萨结跏趺，坐于首位的那朵莲花上，他头顶的宝珠光彩夺目。虚空藏菩萨及获得了首楞严三昧的数十万大菩萨眷属，以释迦毗楞伽宝而为庄严，都落座于各自的垫上。

去邪扶正，祈祷他尤为灵验

尔时，弥勒菩萨对药王菩萨说：“诸位大名鼎鼎的菩萨，都是先向本师顶礼后才落座的，而这位大德显示广大庄严后，也没有顶礼佛陀就落座了。”

药王菩萨说：“这位大德住于佛陀之法，不依一切分别。虽然不见有情，却为了成熟有情而显示方便行境。”

世尊对药王菩萨赐言“善哉”，并说：“正如大德你所说，一切凡夫不能了知一位预流者的行境、加行与解脱，而遍计执著的一切有情纵然变成预流者，也不了知一来者之行境等。以此类推，所有一来者不了知不来者；不来者不了知阿罗汉；一切阿罗汉不了知缘觉之行境等；一切有情纵然变成麟角喻缘觉，也不了知一位获得无生法忍的菩萨之行境等；一切有情纵然变成获得无生法忍的菩萨，也不了知一位获得无碍解及首楞严三昧的菩萨之智慧信解行、胜义谛的加持。

善男子，这位虚空藏大菩萨已得无生法忍，已得无碍解，已得首楞严三昧达无量劫之久，了知现今我的大众眷属的意乐、随眠，为利益他们才从西方来此，显示不同于声闻、缘觉之无边虚空、无边处之等持，使一切众生生起厌离，其后为成熟无量有情，显示世俗之大庄严及等持之大庄严。假使这位善男子宣说胜义谛无生法忍，那么包括天人在内的世间众生，都会因愚昧而感到不解，乃至八地菩萨也会迷惑，因此不能显现此行境、加行相。他安住于如此甚深法的功德中。

这位善男子，了知方便，安住佛法，无有怀疑，不依他智，堪为一切菩萨胜幢之王。这位虚空藏大菩萨，令一切有情转生善趣，得以解脱，能使他们从心的烦恼疾病中解脱出来，能治愈身体之毒、大种之患。以恶见蒙蔽而不知善趣、解脱道者，如果顶礼这位虚空藏菩萨，以沉香、熏香熏燃，念诵其祈祷文，则虚空藏菩萨相应他们意乐、随眠等以往的善根，令其心中一切善根得以复苏，或者以善巧方便在梦中指示。依靠虚空藏菩萨之方便，能迅速脱离恶见、恶愿、恶皈处等，获得正直的三门行为、善知识与正愿，显示迅速脱离恶香、烦恼、堕入恶趣的一切业，从而自心获得自在、安住于甚深法忍的方便。

身体被种种疾病折磨、心思散乱、眼等诸根有疾患、任意肢体残缺的众生，如果为了祛除这些而虔诚祈祷，虚空藏菩萨在他的梦中以婆罗门、帝释天、妙音天女、王臣、医生、父母、童子、童女等色相，指示祛病的良药与资具，依此配方，将消除一切病患。

渴求仆人、多财、不离受用、长寿、富裕、美貌、儿子、侍从等，希求智慧、名声、贤良、种姓、功德、温语、随顺众生、解脱罪恶、讽诵、听闻、工巧、寂静、禅定以及希求布施等六波罗蜜多者，如果祈祷虚空藏菩萨，则他将显示方便，如意成办所求之事。

此外，希求令吝啬者布施等精进于波罗蜜多者，希望将其余有情安置于圆满菩提、善巧方便、四梵住直至大悲之间者，如果祈祷虚空藏菩萨，那么他会以相应彼等缘分的身相为其指示方便，依靠其方便，不费力便可使无量有情、不住乘者及住声闻、缘觉乘者都于无上大乘中不退转，能将他们安置于等持、陀罗尼、种种法忍至十地之间。

如此虚空藏菩萨具足不可思议的方便、智慧、大悲。善男子，虚空的量假使有人能确定，虚空藏菩萨发起的方便、智慧、大悲、等持力及成熟有情的量，则无法确定，他具有如此不可思议的功德。任何有情，若无有谄诳，具足正见、正勤，不自赞毁他，断除嫉妒、吝啬，无有诈现威仪，具足殊胜意乐，将会得到这位善男子的慈悯，为其显示方便智慧、精进、勇猛的方便法，依其完全能脱离痛苦，生起无上菩提心，一切善根回向菩提，于无上菩提中不退转，为圆满六波罗蜜多，具足大喜、大勇，迅速成佛。

虚空藏菩萨具足不可思议的功德调伏法，能成熟一切有情。”

欲求堕罪清净之人的救星

其后，弥勒菩萨请问世尊："世尊，为何这位善男子的头上有极其灿然的如意宝珠，而其余菩萨并非如此？"

佛告言："善男子，虚空藏菩萨具足大悲饶益有情，因此能使其解脱大痛苦。任何众生若犯根本堕，趋往恶趣，耗尽一切善根，为诸位智者所弃、无依无怙，这位虚空藏菩萨将利益他们，能铲除其恶见稠林，使他们远离怀疑，并能开示正道，洗涤一切罪恶及垢秽，避免趋向恶道，安置彼于善趣与解脱中。

任何众生，若贪欲极重，极度嗔恨，为害心、覆蔽、吝啬扰乱，为愚痴黑暗所缠缚，声称无有因果，不畏后世，积财无厌，恒常依于十不善道，虚空藏菩萨能关闭他们的恶趣之门，将其安置于善趣与解脱中。

因此，除如来之外，天等一切世间皆当供养这位正士。

为此，在已犯掠夺三宝之财等王族易犯的五种堕罪、大臣易犯的五种堕罪、平凡初学者易犯的八种堕罪——菩萨的根本堕及声闻的根本罪的那些对境前，虚空藏菩萨以种种相出现，宣说甚深经藏，使心生感动的王族等对宿业心生后悔，以惭愧心发露忏悔，并加以断除，以大欢喜心行持善道，从而趋向善趣与解脱。为此，想发露忏悔根本堕罪之人，如果在黎明，以沉香、汉香等熏香熏燃，念诵虚空藏菩萨的名号，虔诚祈祷，那么随其缘

分在梦中，虚空藏菩萨以种种相住于其前，开示脱离堕罪的方便及大乘的善巧方便，将他安置于等持、安忍、陀罗尼至（十）地之间，稳固安住于大乘，于无上菩提中不退转，不退失圆满六波罗蜜多的精进，得以稳固，以智慧及善巧方便使那些初学菩萨获得不忘菩提心等持，不久成就佛果。如此具有堕罪者，都能从堕罪中拔出，而安置于无上菩提中。因此，这位虚空藏菩萨的头上，才有极其勇猛所生的如意宝珠。

善男子，若有众生听闻虚空藏菩萨名号，或令人画像，或于其前供养，或恭敬、承侍、以种种供品供奉，顶礼膜拜，以自之生命供养，则彼等众生不会遭受火灾而亡，不会因水灾、兵刃、毒物而死，除寿命已尽者外，人非人皆无法夺其性命，不会有非时横死，不会疾病缠身，不会因饥渴而死，不会受到国王惩罚，乃至命终不会犯根本堕罪。在他们诸根未灭、心识未离开身体之前，随同自己对某种形象的恭敬心，虚空藏菩萨显示为婆罗门、帝释天的身相，宣说四谛法，令其了知而趋向善趣。在对佛陀有信心者面前，虚空藏菩萨化现为佛陀的色相宣说正法，此人因作意佛陀的声音而欣然随喜，命终之时往生佛陀净土。于信仰法及僧者前，也如是宣说相应之法。

凡是欲求心得自在而行种种等持者、欲求读诵种种佛经及论典者、欲求回忆前世者，欲求入大海及洞穴（求宝）者、欲求行持微妙精华义者，祈祷虚空藏菩萨，均能如愿。

为病所缠者、入于囹圄者、受到惩罚者、面临屠杀者，渴求脱离火、水、毒、刃、诅咒、猛虎、狮子、盗贼、恶人的畏惧，远离众叛亲离、怨憎会等的痛苦者，法衣、斋食等资具及种种受用贫乏者，若怀慈心尽力念诵虚空藏菩萨的名号并供养、祈祷，虚空藏菩萨会以任意一种身相住于他们面前赐予安慰，使其摆脱一切痛苦，圆满一切意愿，富有一切资具。

若有王子想要获得王权灌顶，如是欲求婆罗门及施主之显赫地位、信解工巧、听闻至修行之间者，如果念诵虚空藏名号并祈祷，他以天耳听到后，会对他们显现如是方便，令其如意满足心愿。

善男子，虚空藏菩萨具足不可思议的方便功德与智慧大海。大海之水滴数、十方虚空之量虽然不可计数，但有些人也可能衡量，而虚空藏大菩萨为成熟有情而幻化的种种相，无法衡量。于有些众生前幻化为佛陀色相，乃至于旁生、有情地狱之内化现为旁生及地狱有情相，如是幻化成婆罗门等随机调化的种种色相，于有些众生前现量幻化，于有些众生前在梦中幻化，于有些众生前在临终的最后神识之际示现化身，以此遣除他们的罪业，救度他们远离恶趣，安置于善趣乃至大菩提之间。如是这位虚空藏菩萨具足方便、智慧、佛陀的大功德，因此他头顶有如意宝珠。”

所有眷属都对虚空藏菩萨感到稀有，进行供养。虚空藏菩萨也将所有供品献给佛陀世尊，顶礼请求法义，宣说陀罗尼，结果使无量无数的天、人众生于等持、陀罗尼、种种安忍、十地生起智慧，数以万计的众生获得无生法忍。

世尊告虚空藏菩萨："你于无量无数世间界，为一切有情以大悲力在村落、城邑、城市、区域、国境、王宫，以种种身相、装束、行为讲说大乘种种经藏，成熟有情，使下贱王族至下贱沙门之间断除恶法、行持善法。"

《大解脱经》[1]中云："虚空藏菩萨摩诃萨，于未来时'空净劫'，在受用世界，成就善逝应供真实圆满正等觉，佛号净庄严。彼世界中所有大菩萨唯行大乘。若有众生听到虚空藏菩萨名号，顶礼供养，将往生于受用世界。若有众生修行大乘法（而未得无生，受持是经者），也将获得无生法忍。"

《虚空藏一百零八名号功德经》中云："是故欲求恒安乐，常依赞叹而依止，一切众生唯勇士，三有怙主虚空藏。"

怙主虚空藏传第五品终

1 《大解脱经》所摘内容，在汉文大藏经《大通方广忏悔灭罪庄严成佛经（卷二）》中有。

地藏

菩萨传

顶礼、供养、皈依地藏菩萨摩诃萨！

他如大地般，是无量功德的宝藏

《地藏十轮经》[1]中记载：

世尊于卡拉得雅山众多仙人行境之处，与无量比丘僧众及菩萨大众一起，刚刚说到“月藏”时，南方大香云中飘出清香，从花云、珍宝天物饰品云、妙衣云中降下相应的妙雨，遍及那座山，并从雨中传出种种法音。那些眷属的身体也如其信解散发出芳香，由饰品等所庄严，他们各自见两手掌中持如意宝，从中一一如雨般降下奇珍异宝。

那些如意宝现出种种光芒，使人们见到十方恒河沙数佛土中，如来由无量众多眷属承侍围绕。那些光芒若接触到尽其所有数刹土中为病所苦、面临被杀、入于囹圄、行不善业、饥渴交迫、被种种惩罚所恼等的一切众生，即刻能令他们远离痛苦，如愿拥有服饰、珍宝等，断除十不善，获得

1 《地藏十轮经》所摘内容，在汉文大藏经《大乘大集地藏十轮经（卷一）》中有。

一切所欲，止息一切苦恼，具足无比安乐。

在那所有刹土中，依此光芒，使得云、尘、风、雨、不吉祥的声音等不悦意的一切对境及重重恐惧、危害全然不存，此外，众生完全远离恶业、邪语、邪意乐，大地平如手掌，充满一切快乐资具，无有严寒酷暑，寂静安乐。

当时，许多眷属各自的身体比地界还重，似乎无法支撑，见到如此相兆以后，他们不禁生起“是什么因缘导致如此相兆”的分别念。

许下什么愿，就会得到什么结果

此时，众眷属中的帝释天王无垢生请问世尊：“如此情形是什么因缘？”

世尊告言：“地藏大菩萨于往昔无量无数大劫之间，于五浊之际佛陀不住世的世界成熟有情，如今他携带众多菩萨眷属来此世界向我顶礼、供养，为见众眷属坛城而以沙门相前来，以其威力显示这些神变。

地藏大菩萨以无量无数、不可思议的功德而为庄严，包括声闻、缘觉的一切世间众生，对此无法揣测。这位菩萨是一切超绝功德之宝藏，是解脱珍宝之源泉，是一切菩萨之清净眼，是趋向涅槃之商主，如摩尼宝珠般降下所欲之妙雨，满足一切所求。彼如众多商人之宝洲；如增上善根之良田；如安置于解脱安乐之器皿；如功德珍宝源泉之妙瓶；如照亮善妙者之日轮；如迷途者前明灯；如消除烦恼酷热之明月；如无足者前之乘骑；如行远途者之台阶；如行于荒郊者前之向导；如癫狂烦乱者之妙药；如为病折磨者所遇之名医；如衰老年迈者之依附物与手杖；如疲惫者前之坐垫；如越过四瀑流之桥梁；如趋向彼岸之航船。

他是成熟三种善根之大地及雨露；布施不断如宝轮；守戒稳固如山王；精进不坏如金刚；安忍不动如大地；禅定甚深如宝藏；入定庄严如花鬘；智慧深广如大海；不著一切如虚空；妙果近因如众花叶；调伏外道如狮王；摧毁天魔如龙王或大象；杜绝一切烦恼声如天剑；厌离繁杂愦闹如缘觉乘；洗涤烦恼垢如净水；能除不净脏物如狂风；斩断烦恼如利刃；防护一切畏惧如亲友；救脱反方之敌如妙坑或堡垒；救离一切危难如父母；庇护弱者如密林；夏季远行者前如凉荫树；酷热干渴所逼者前如清凉水；饥饿者前如香米；裸体者前作妙衣；酷热所逼者前作乌云；贫穷者前作如意宝；恐惧者前作依处；庄稼前作雨水；浊水前作为澄清宝珠，能使芸芸众生的善根无与伦比，显现微妙行境，令眷属欢喜、满足，激励众生趋入警惕与惭愧，于积累福慧资粮者，使其具足彼庄严，消除烦恼犹如呕吐药与泻药；收摄乱心，如入定之境界；辩才无碍如水车轮；心摄于所缘犹如专注美色；令安忍稳固犹如须弥山；陀罗尼深广如大海；神境足无阻犹如行空中；遣除一切障碍习气，犹如炽热阳光融化寒冰；恒常享受禅定、无色定、真实道，遍知之智慧犹如宝洲，不刻意而转大法轮。善男子，地藏菩萨摩诃萨具足如此无量无数、不可思议的殊胜功德。”如是赞叹三遍。

顷刻间，地藏大菩萨携八十百千俱胝那由他菩萨眷属，依靠神境通的威力，以沙门相从南方来到世尊面前，礼佛双足，真实赞叹，以种种供品供养后，为闻法而坐于前面。

他是满愿第一

随后，众眷属以供品供养地藏菩萨并顶礼。当时，眷属中问疑大菩萨礼佛后如此呈禀：“世尊，这位善男子居于何处？在此刹土住了多久？具足多少功德与善根？世尊以种种赞词称扬他，他又如是真实赞叹世尊不可思议的功德海，我前所未见、甚感稀有，请世尊为我宣说。”

世尊告言：“善男子请听，这位大士夫的功德善根有多少，世间一切天、人眷属无法通晓。假设如来广说这位大士的功德及善根，包括天、人在内的一切世间众生，都将迷茫而不信受。”

问疑菩萨再度恳切祈求。世尊告言：“汝当谛听，铭记在心，我为你宣说少许。

这位大士具足无量不可思议的殊胜功德，如是能轻易安住于首楞严三昧，也能悟入如来之行境，获得无生法忍，于诸佛法已得自在，于遍知智慧获得法忍，并趋至遍知智慧海岸，善住狮子奋迅幢等持，登上遍知智慧

之山，完全击败一切外道及反驳者，为成熟一切有情而能于尽其所有的一切佛刹安住。

彼大士夫随所安住（诸佛刹、随所安住诸等持），一切刹那亦复如是（成熟无量有情）。假设他入定于现行智等持，依靠那一等持的威力，使住于那一佛刹的一切众生均得见相应一切等持的行境。如他如何安住，一切刹土也复如是。假设入于具无量智等持，则（依靠那一等持的威力，）使那一刹土的一切有情以无量殊妙供品供奉承侍世尊。如是若入于清净智圆满等持、具惭愧智等持、开显诸乘等不同等持时，犹如他安住一般，那一刹土的一切有情也将如此，见到行境的过失而使心得以清净，具足殊胜警惕而远离不善法，不失意乐，获得善巧方便的眼通等神通，远离一切忧苦、沮丧，昏聩，离开黑暗而现量见到十方佛陀，断除邪见而皈依佛陀。那一刹土的山川、深谷、毒、猛兽等一切过患不复存在，大地平坦，由多种妙相庄严。魔王及眷属惊慌而皈依三宝，一切有情远离来世的畏惧，欢喜正法，一切有情随意乐获得饮食，具足力量，脱离一切疾病，随信解具足坐垫、服饰等一切悦意资具，身心安乐，无有怨敌、束缚，和睦、快乐，圆满六度，具足无量欢喜、无碍智慧，诸根齐全，无有残缺，厌恶不善法，以十善及真实道使内心极其寂静，以悲心相互饶益，远离战争、饥疫，止息非时风雨等一切苦触。如此入于各自等持中时，行持如此种种功德。假设入定于海电光等持，则依靠其威力，使那一佛土的整个大地由种种珍宝所成，远离一切过失，由珍宝树、饰品、乐器等维生的无量胜妙资具庄严。总之，那位善男子为成熟芸芸众生，一日及上午时入定于恒河沙数等持，从中起定而于十方一切佛土随机调伏一切有情，行持利乐，使他们得以成熟。

这位善男子曾于往昔无量大劫之间，于五浊之际，在如来未住世的世界成熟有情。未来时，见到有些世界出现刀兵畏惧，有情遭受逼恼，这位善男子于上午时，依靠等持的威力，解除彼等畏惧，使一切众生相互生起慈心。当出现疾疫畏惧及饥馑畏惧时，也会止息那一切痛苦。这位善男子以如是众多等持力，以无量无数不可思议的利乐安慰有情。这位菩萨于往昔过去时无量无数尽恒河沙佛陀出有坏前，为救度一切有情而心怀无尽大愿，发起大悲心及不被夺取的精进，以越来越增长的力量，刹那间调化无量俱胝那由他异生凡夫，救离种种痛苦，满足所求之愿。

何处有因种种欲望而痛苦、被欲望逼迫的有情，如果一心一意念诵地藏菩萨名号，对其观想、恭敬、供养，则获得一切所欲，远离痛苦，随缘分投生到善趣天界乃至获得涅槃。依此类推，缺乏饮食、服饰等者如果祈祷，则拥有一切所欲，乃至获得涅槃。爱别离者、怨憎会者、被病苦折磨身心者、斗争争论者、困于囹圄者、被殴打捆绑面临遭杀者、身心疲惫者、不具威力软弱者、诸根残缺不全者、迷乱心识鬼使神差者、贪嗔等种种烦恼逼迫身心不能转变者、遇到火水风及堕落悬崖等畏惧心惊胆战者，被毒蛇、猛兽、种种毒物所缠者，中鬼魔者、恒常以瘟疫等种种流行疫疠发抖者、丧失正念者，夜叉罗刹等人与非人、怒忿猛兽、咒语、诅咒、前赴沙场等种种危难所缠缚逼迫身心者，如果念诵地藏菩萨名号并供养之，则迅速远离一切不安，如意获得所求安乐。

因为欲求多闻、信解、戒律、禅定、神通、智慧、解脱、妙色等五欲妙、利养名声福德、维生、花果、乐园、坐垫、敷具、财物、粮食、良药、云游各地，欲求舍宅、仆从、颜料、雨水、庄稼、温暖、清凉、扇子、凉风、火、乘骑、子女，欲求善巧方便、行福、正直者，或者因欲求除此之外世间出世间的种种利益事而苦恼者，如果能一心一意念诵地藏菩萨名号并观想、恭敬供养之，则依靠此善男子的等持、微妙功德、威力及威光力，能使他们远离一切苦恼，满足一切希求，进而随缘分投生到善趣，乃至获得涅槃。

于何处在良田或荒田中播下种子，无论精勤耕耘与否，如果能一心一意念诵地藏菩萨名号并行以供养，那么必将庄稼丰收，成熟果实。为什么？这位善男子往昔无量无数大劫中于无量无数佛陀前以大精进的加行及稳固的誓愿力成熟一切有情之故，恒常受持整个大地，恒常受持一切种子，恒常令一切有情如意而行。依靠彼善男子的神通力，能使这个大地所生长的草木苗芽等茁壮成长，成熟果实，生长力旺盛，甘甜、润泽、芳香。

任何众生，若三毒猛烈，现行不善业道，如果持诵地藏菩萨名号，就能止息烦恼，远离不善道，具足善业，生起慈悲利乐之心。这位善男子依靠如此微妙功德、等持、威力、威光力、极精进之等持，刹那须臾间前往无量无数佛土，于彼一一佛土，刹那间能救度无量无数尽恒河沙有情脱离痛苦，使之获得快乐，乃至获得涅槃。如是善男子具足不可思议的功德、稳固愿力、大精进，为成熟有情而于十方世界，于有些众生前，以大梵天王的身体宣说调伏之法。如是以大自在天、欲界他化自在天等六欲天的身相，佛陀、菩萨、声闻、缘觉、转轮王王族等四大种姓、男人、女人、童子、童女身相，乾达婆、阿修罗、夜叉、尽其所有非人的色相，狮子、骏马、牛王、大象等种种旁生，饿鬼、阎罗、地狱狱卒乃至地狱众生身体的无量无数种种身相，随缘分为芸芸众生说法，使他们趋入不退转三乘之地。

善男子，这位大士具有如此不可思议的功德，是殊胜超群功德之宝藏，是一切解脱珍宝之来源，是众多菩萨之清净眼，是趋向涅槃城之商主。他不经刻意而由上述大功德中转大法轮。善男子，设若有人于一百劫中对弥勒或文殊或观世音或普贤等恒河沙数菩萨摩诃萨一心一意皈依、念诵他们的名号、观想、恭敬供养、顶礼并为所求心愿而发愿，不如有人于一刹那、顷刻、须臾间一心一意念诵地藏菩萨摩诃萨名号并观想、恭敬供养、顶礼更能迅速成就圆满一切所愿。为什么？这位地藏大菩萨为利乐一切有情，能满足一切有情之愿，犹如摩尼珠之宝藏。这位大士为成熟众生，长久以来修行极其稳固的大愿、大悲及大精进之故，超胜一切菩萨，你当恭敬供养。”

佛陀百般赞叹的大士谁不起信

从十方聚集的诸位大菩萨、声闻及天等眷属大众均从座起，伴随着赞叹的妙音，以各自的珍宝花等无量供品恭敬供养地藏菩萨。地藏菩萨也将那所有种种天物供具供养世尊，并说偈颂：“一切天龙夜叉人，十方菩萨诸供品，献大功德世间尊，祈请纳受最胜供。”说完顶礼佛足。

世尊也以偈颂告言：“发起坚慧清净心，解除无量有情苦，犹如珍宝见乐源，犹如金刚斩疑网，具大悲心及精进，供养最胜妙世尊，智海救度众生苦，无畏趋至三有岸。”

随后，地藏菩萨从座而起呈禀世尊：“我为增上世尊之四众眷属等的正念、正命、身乐、色相、威力、名声、善根、道果、资具、弟子、波罗蜜多等一切吉祥，如此说由无量佛陀前得受、受持听闻的大明咒。”随即宣说了具足无量功德利益的陀罗尼。顷刻间，卡拉得雅山剧烈震动，数俱胝的天界乐器自然奏起，无量天香、天花、天宝如雨降下，众眷属对此深感稀奇。

当时，眷属中有大吉祥天女及具德大天女等驾驭四大种的一万八千天女，她们从座而起顶礼佛足，说道：“世尊，真是稀有！善逝，我虽能驾驭四大种，可却不知四大初中末的生灭同品违品，而这位大士夫获得了极深细微的智慧波罗蜜多，彻知四大的初中末法相及生灭同品违品。犹如如

意宝具足众多功德，能如雨降下种种珍宝而施予芸芸众生，如是这位善男子也能如雨般降下菩提支的种种珍宝，施予一切有情；犹如宝洲充满种种珍宝，这位善男子也具足菩提支的种种珍宝；犹如天物之树于则札拉山上散发芳香并由花朵点缀，这位善男子也以菩萨之法种种珍宝庄严；犹如狮子王不被群兽所慑而无所畏惧，这位善男子也不被一切众生恐吓或制伏；犹如杲日遣除世间的一切黑暗，这位善男子也遣除恶见无明的一切黑暗；犹如虚空中的明月于夜晚为迷失路途的一切有情指示安乐道，使之顺利前进，这位善男子也于无明的夜晚为背离三乘漂泊在轮回荒野中的一切有情以三乘开示正道，随缘分依靠方便将他们安置于出离道中；犹如大地成为一切种子、草木庄稼及属于人间界一切有情的所依，这位善男子也成为殊胜菩提支一切法的依处；犹如珍宝须弥山王极其坚固、无损无失，这位善男子也完全安住于佛陀不共法中，不舍一切众生而无失，布施一切善根而无损；犹如虚空为一切众生所享用一般，这位善男子也为一切众生所受用。这位善男子具足如是无量无数功德。”

众眷属听到地藏菩萨无量功德的赞叹后倍感稀有，恭敬承侍，极其欢喜，一心一意专注目视着地藏菩萨。

尔后世尊，为明确此义而重复告言：“地藏真实士，具众圆功德，身著沙门装，礼大本师至……”将前面所说的功德再度以偈颂重说，直至“设若百劫中，赞称彼功德，极难满究竟，故众敬供养”。

之后，地藏大菩萨请问世尊于五浊世间如何以大悲心转法轮等正法。如来以十大轮的方式说法，利益了无量无数众生，并将彼法交传予虚空藏菩萨，且教诫："于受持者，以防护失财、损害、不善业、诽谤等十种过患的十法保护。"虚空藏菩萨也如是承诺。

地藏菩萨传第六品终

除盖障

菩萨传

顶礼、供养、皈依除盖障菩萨摩诃萨！

这位大菩萨有不可思议的事迹。

让文殊难堪的这位女菩萨到底是谁

《佛说大乘如来行经》[1]中记载：

在东方普光世界，行爱王如来的佛土中，聚集了十方恒河沙数佛陀，研讨法门。文殊童子怀着“去彼处”的想法，刹那间从这个娑婆世界到了那一刹土。行爱王如来的右侧有一善女子，名叫除疑，以金刚跏趺入定于无垢月光等持。

随后，行爱王如来为了显示佛菩萨不可思议行境等的必要，于不知不觉中，将文殊童子抛到铁围山顶。文殊童子（察觉后）发起自己的神变力，想去十方无量佛土，可是在佛陀的加持下连发尖许也无法行走，只好又坐回那里，安住于不作意的念住中说法，从而使四万二千天子获得无生法忍。

1 《佛说大乘如来行经》所摘内容，在汉文大藏经《诸佛要集经（卷一）》中有。

诸佛离去后，行爱王如来右手掌放光，劝请文殊童子到彼刹土。文殊顶礼如来后，问道：“我被从彼眷属中驱逐，而这位善女子竟然没受这个待遇，显然她有最殊胜的善根。她是从什么时候发心并获得此等持的？”

如来告言：“文殊，这位善女子安住于此等持，以远离一切想及作意的方式见到十方无数佛陀，听闻正法，为他宣说，却一无所想，经劫言说也说不尽她的功德。文殊，你将这位善女子从此等持中唤起，亲自问她吧。”

于是文殊童子想唤她出定，依次用平常弹指的声音、十方无边世界能听到的弹指声、大千世界所有铙钹自然弹奏声、遍及十方无边世界的幻化无量铙钹声、世界一切山峦相互撞击的恐怖声充满无边世界，可也没能唤起她。随后，文殊童子又依靠加持力拉动那位善女子的手，结果下方无数刹土皆已震动，却也没能动摇她那一等持发尖许。文殊童子又用力向上抬起她，上抛到无量刹土中，又将那位善女子安住的地点及周围放在右手掌，一直抛至梵天之间，她仍始终安住。又将那位善女子放在右手，带去东方等十方每一方及恒河沙数的佛土中，发出铙钹及山的声音，降下花雨，可也无法唤她出定。

文殊童子又再度坐回眷属中，他那些神变，使十方无量无数有情成熟了善根。文殊童子呈禀行爱王如来：“菩萨的行为真是稀有。”

如来告言：“的确如此，菩萨的行境不可思议。假设两个大千世界都变成大鼓，有一个大力士用等同一千世界的鼓槌，在胜过劫数的时间里在这位善女子面前敲击，那声音尚且传不到她的耳畔，更不用说唤起她了。”

文殊童子问：“那谁才能唤起她呢？”

佛告言：“除了如来或除盖障大菩萨以外，谁也做不到。”仅仅宣说这位大菩萨的名称，就使大地出现了六种震动，如果念诵他的名号，其余刹土也会大地震动。

文殊童子问：“这位大菩萨现住于何处？希望他能来此一见，并从等持中唤起这位善女子。”

佛陀以佛光劝请下方越过恒河沙数刹土名为种种幢世界狮鹅牛蕴声如来前的除盖障菩萨，结果他携带五十万菩萨眷属刹那间到来，于如来足下顶礼，然后安坐上方空中，入定于灭身等持，降下花雨等显示神变。所有眷属及文殊童子都看不见他的身体。

如来说：“这是（灭身）等持的威力。”

文殊童子心想：“我也要成就此等持。”除盖障菩萨知晓他的想法，只听他说：“此等持不仅独一无二，而且如同大海的水滴数般（不可揣测）。我能出入尽所有的灭身等持，而你连它的名称也不知晓。”

（此时，文殊童子缘自己累世所修妙行，一弹指间便成就了这个等持。行爱王如来不禁赞叹：）“其余菩萨于俱胝那由他劫也难以成就的等持，文殊童子在一弹指间就能成就。”

之后，文殊童子呈禀如来：“我想见见这位菩萨。”

依如来言教，除盖障大菩萨及眷属显出身体。

文殊童子对除盖障菩萨说：“请将这位善女子从等持中唤起。”

除盖障菩萨说：“尽管我能够唤起她，但还是请遍知如来亲自唤她吧。”于是，行爱王如来入定于“能起等持心”之三摩地，使那位善女子及彼世界凡入定者都出定。

文殊童子问那位善女子：“你是从什么时候开始发菩提心的……”

她从不可言说之义开始，宣说了极其甚深的法。对其辩才，众人甚感稀有。

文殊童子请问如来：“世尊，这位善女子发心多久了？”

如来告言：“这位善女子为求菩提，行持了九十九百千俱胝那由他劫之后，文殊你才发菩提心。这位善女子最初在宝生如来前发心。彼佛刹土功德庄严，纵使于恒河沙数劫宣说，也不能言说其一分。当时，这位善女子是离声转轮王，那时候开始发心的。她不称为女人（也不称为男人），因已获得虚幻三摩地，可随心所欲幻化身体。这位善女子当于大千世界尽

其所有地上微尘、枝叶（花果上微尘数量的无量）百千阿僧祇劫后，成就无上菩提佛果，佛号光施如来。彼佛刹土，与宝生如来刹土相同。”

原来是他劝行爱王如来和此圣女发菩提心的

除盖障菩萨说：“这位文殊童子，尚有所饶益，且所饶益众多，对过去与未来之诸法也作分别。”

文殊童子说：“善男子，的确如此，我所饶益众多，那是因为法界无尽，所饶益也无尽。”

行爱王如来告言：“文殊，你不要与他辩论。这位除盖障菩萨辩才不可思议，你连这个等持的名称也不知晓。大千世界所有众生纵然都已经变成与文殊等同，但他们也不知道这位善女子出入之等持的名称，因此连她等持、神变、智慧的百千分之一也不及。即使大千世界所有众生等持、智慧力都变成与这位善女子一样，也不及除盖障大菩萨之等持、智慧、威力、神变的百千分之一。这位善女子连除盖障菩萨出入的那一等持的名称也不知晓。假设一切众生等持、智慧、入定都变成如除盖障菩萨一样，也不知佛陀的举步止步，如此佛陀的智慧不可思议。

是这位善女子曾让文殊发菩提心的，也令如文殊相同的十方每一方刹土尽恒河沙数的菩萨发心。是除盖障菩萨让这位善女子发菩提心的，也令与这位善女子相同的十方每一方恒河沙数的菩萨发心。我于过去时在须弥幢语如来前，也是由除盖障菩萨让我发起无上菩提心，他也令如我一样十方恒河沙数的如来发心，他们有现今住世的，也有无量如来已趋入涅槃。

任何女人如果听闻除疑女菩萨或除盖障菩萨或行爱王如来的名号，则她的身体会成为最后女身，迅速成就无上菩提佛果。命终之后也将令佛陀欢喜，远离八无暇，能忆念生世，获得陀罗尼，得到大士夫三十二妙相，不住于胎。凡是听到我等名号之女子，愿具足如是功德。”

耳闻其名，能除去你的障碍

《大乘宝云经》[1]中记载：

世尊在伽耶山时，由声闻、菩萨僧众等众多眷属围绕而住。世尊从头顶放大光明，遍布十方世界，后入于世尊的面门。当时，由此佛土向东越过恒河沙数世界，有一莲花世界，其中住有莲云如来，（此刹土）无有三乘之名，如来从一乘开始说法，那一刹土的一切有情均是不退转圆满菩提的菩萨。在彼世界，住着一位仅闻其名号就能灭除众生一切障碍的除盖障菩萨摩诃萨。他由（世尊）那一光芒接触激发，从自己的住舍出来，到莲云如来前请问：“这样的悦意光芒令身心安乐，这是谁的威德力？”

1 《大乘宝云经》所摘内容，在汉文大藏经《大乘宝云经（卷一）》中有。

如来告言："善男子，由此向西有娑婆世界，其中安住着释迦如来，仅听到他的名号，就能使众生不退转于无上真实圆满菩提。这是他所放的光芒。"

除盖障菩萨呈禀："世尊，我要到娑婆世界去顶礼供养释迦如来。"其余菩萨也由此光芒激发而如是请求。

莲云如来告言："善男子，你们可随意前往，如今正是时候。在彼世界，要谨慎为是。为什么？那个世界的众生烦恼深重，于父不认父等，多求非法等。于如此恶性众生之中，释迦如来正在说法。"

诸位菩萨白佛："世尊，在这样的众生之中说法，释迦如来真是难行。"

莲云佛告言："的确如此。在染污的世界，发起一念善心也是难行。在清净的世界，清净的有情有何稀奇？而在污染的世界，弹指间生起信心而皈依三宝、受持戒律，以离贪之心及悲心发无上菩提心，这才是最稀有难得。"

菩萨们带着众多庄严的供品来此刹土。只听除盖障菩萨对众眷属说："诸位道友，娑婆世界的众生为痛苦所迫，因此，我等应当为诸众生现大神变，以神通力令其远离众苦、享受快乐。"

眷属菩萨都说："善哉。"

随后，除盖障菩萨显示神变，自身发出能令身心极其喜悦的无垢清净、

悦意澄清的光芒，那光普照整个三千大千世界，使地狱、旁生、阎罗世界的众生，被那一光芒接触身体，即刻远离一切苦受，获得安乐，远离了嗔心、害心，互相恭敬作父母想。那光芒普照到这个世界不被日月光照亮的黑暗处，令转生那里的众生相互见到。这个大千世界的铁围山等所有山川也被那光芒普照，上至梵天下至无间地狱的众生，无不被那光芒所照耀。

那些眷属菩萨也显示神变，令求衣、求食、求财等的众生如愿以偿，诸根不全者得到根，疯狂者复得正念，痛苦者得以安乐，孕妇顺利生产。

除盖障菩萨等那些菩萨临近伽耶山时，这个三千大千世界由珍宝璎珞所覆盖，上空降下天界的莲花雨、鲜花雨，还降下天界果实之云、天物之鬘、天界涂香、天衣、天界末香、法衣、伞、幢、幡的大云雨，凡所触及的众生都变得安乐。伽耶山上，平常的树、平常的地方均无踪无影，在那些地方，到处出现珍宝树、如意树、花树、果树、檀香树、沉香树，显得无比美妙。空中传出天人的铙钹声，那些铙钹中传出这样的音声："降生胜苑蓝毗尼，无等不随烦恼转，等同虚空尊前礼，我等至此最胜山。菩提迦耶树王下，摧伏魔军成佛已，无垢威严尊前礼，我等至此最胜山。证悟此等诸法理，如幻阳焰及水月，最上福田尊前礼，我等至此最胜山……"

刚传出此等偈颂，大目犍连便从座而起，合掌礼佛请问："世尊，这前所未闻、前所未见的前兆，是谁的瑞相？"

世尊告言："这是由此向东越过恒河沙数世界的莲花世界如来应供正

等觉莲云佛前的除盖障菩萨摩诃萨，偕同百千俱胝那由他菩萨来此娑婆世界的前兆。”

即刻，除盖障大菩萨及眷属以菩萨的大神变力到了世尊面前，顶礼后说道：“大名大智慧、大勇大能仁、超有忧苦者，越惑尊前礼。一切之最上，普皆坦然住，解脱一切者，无等尊前礼。不动如山王，深广如大海，外道不能摧，法王尊前礼。转妙法轮，原本寂无生，自性涅槃法，怙主汝宣说……”以此等偈颂赞叹后落座于莲台上。

除盖障菩萨摩诃萨从座而起，法衣搭于右肩，右膝跪于莲台上，于世尊一侧合掌顶礼，如是说道：“世尊通彻无碍，请问我于何方圆满正觉？”

世尊告言：“大士，一切如来恒常通彻无碍，于如来前可随意询问。如所提问，予以授记，汝当欢喜。”

除盖障请问佛说：“世尊，菩萨的布施圆满，乃至智慧之间皆圆满，如是菩萨等同大地等，广大清净等圆满菩提，现前圆满成佛之间的大乘法义……”

佛陀出有坏以十法一一广泛抉择而宣说，使无量无数的众生得以清净、成熟。

除盖障菩萨传第七品终

普贤

菩萨传

顶礼、供养、皈依普贤菩萨摩诃萨！

犹如大海深广难测的事迹

《方广华严经》中记载：

普贤菩萨的传记：他以不可思议如海之理趋入如来功德海，如是具有清净一切佛土及调化众生究竟成就之事迹、前往一切如来足前说功德田行境之事迹、以愿海善住一切菩萨地之事迹、由诸门尽自身无量微尘踏遍法界之事迹、于一切刹土传出自名号不可思议轮加持之事迹、一切极细微尘内真实显示菩萨无有中边行境及神变之事迹、一刹那示现三时劫现生灭之事迹、真实显示一切菩萨根境互入之事迹、法界无有中边以自身幻化增上神变加持之事迹、菩萨一切法理相互显示广大趋入遍知理之事迹。

其后讲述：普贤菩萨摩诃萨显现在毗卢遮那佛面前狮子座的莲台中央，随行“诸佛如来毗卢遮那身藏”等持等性于法界周遍、功德不可思议中入定，如是尽法界虚空际大海的一切刹土每一极微尘的范围中，尽刹土海微尘数的一一佛陀前，也以如是微尘数的身体入定。当时，十方浩瀚刹土的一切如来显露尊颜说道：“善男子，你入定于如是等持，善哉！善男子，你依靠毗卢遮那佛之夙愿的加持以及你宏愿行为清净的威力，一切如来也入定于佛陀不可思议行境力，故以无量智慧加持。”说着用金色妙手为普贤摸顶。犹如此处，在不可思议如海刹土中均是如此。一切如来的妙手海云刚刚放在普贤头顶，他即刻从那等持中起定之如海门，具足尽如海世界微尘数不可思议种种门而从那一三摩地起定。即刻，那些菩萨们均趋入尽世界海极微尘数的无量等持、总持等功德门。如同于此刹土一样，一切如海世间微尘的范围内，均有如海菩萨如是趋入，这也是由佛陀的威德力及普贤菩萨的等持法性而获得。十方如海刹土无余震动，由珍宝饰庄严，传出如海法音。在如来的如海眷属中，降下具如意宝相的金幢等十大宝珠王的云雨，一切如来的毛孔及光芒中也都如此。并传出“普贤则以悦意根，趋入现见浩瀚刹，显示如此之神变，入等持境无中边”等偈颂的音声。

随后，所有眷属合掌，目视普贤，以偈颂赞叹。

普贤依靠佛陀的加持，观见十方世界所有众生的意乐海、佛陀的法海及愿海等一切，而从佛陀不可思议的智慧及功德之理着手开始说法。

学佛，要了解佛菩萨的境界而渴求

此经中还记载：

普眼菩萨请问出有坏毗卢遮那佛："具足等持及解脱的菩萨，趋入了普贤门及行为、具足宏愿者出入等持及解脱、获得等持殊胜处等……"

世尊告普眼菩萨："普眼，你能想到请问如来过去、未来、现在出世之菩萨的一切坛城、如来的一切坛城义，善哉善哉！普眼，普贤菩萨具足不可思议的菩萨幻变，具足难以成就的大菩萨威力，以无量菩萨行而出现，尽学菩萨之神变、幻变，以难以成就的菩萨愿而清净，具足菩萨不退转生，以无量波罗蜜多理而清净，具足无量所得总持，真实了知不同法，以无尽无碍清净，具足于一切众生无厌之大悲心尽未来际的宏愿。他就在此会众中，你去请问他，他会显示等持及神变。"

聚集于彼处的菩萨眷属听到普贤菩萨的名号，即刻现前菩萨的不可思议等持，开启无贪之心，也得到加持，趋向不可思议之智慧，见到无夺智慧之行境及无数如来，现前所缘，通达如来的无量力，证悟相续与如来同一之理，通达趋入无量三世，获得无尽福德之威神力，通达圆满妙海神变均依承侍及恭敬观如来的一切坛城，但由如来的加持及普贤菩萨的神变王之威力，仍旧看不见普贤菩萨的身体及所在坐垫。"

普眼菩萨请问世尊："普贤菩萨现住于何处？"

佛告言：“他就在我的足前如如不动。”

随后，普眼菩萨及那些菩萨眷属观看眷属的一切坛城，呈禀世尊：“世尊，我等连普贤菩萨的坐垫也看不见。”

佛告言：“善男子，你们看不到普贤菩萨的身体，也看不见其坐垫，的确如此。何以故？因为普贤菩萨安住于不可言说甚深境界中，如是趋入无量智慧法界，获得狮子奋迅等持，尽得佛陀的无上神变，以无贪之威力成就清净如来的十力，具足法界微妙身，安住于诸佛之加持中，具足过去、未来及现今出世的诸佛无别智慧相续。这位普贤菩萨随行于心细微刹那边际。”

望眼欲穿也不见

普眼菩萨于如来前听到普贤菩萨的清净功德后，即刻入定于菩萨十百千无数等持中，渴求见到普贤菩萨，以祈祷的意乐希求，详细观察分析、思维、观看，可是仍不得见，那些菩萨眷属也看不见，普眼请问世尊见不到的原因。

佛告言：“你不见普贤，为什么？普贤修学菩萨不可思议之事迹，安住于众多虚幻色相、虚幻咒文，对此尚且不能观想，而不能趋入、现见普贤菩萨的身语意之密，就更不言而喻了。普贤菩萨以行为甚深不可思议，具足无量超胜智慧金刚心，真实安住于无有中边之法界，于一切世界无住而行，随入一切有情之身色，具足无取之法理，任运自成安住于无尽无异的神变及最胜威力任运自成臻至究竟，通达法界。善男子，如是普贤菩萨令人观而有义，见而有义。如是听闻、承侍、思维、随念、起信、观察、寻求、随其发愿，皆有实义。”

尔后，普眼菩萨及那些菩萨眷属渴求见到普贤菩萨，于是合掌，身体顶礼世尊及普贤菩萨，口中也念诵顶礼句。

世尊告言：“善男子，当顶礼祈祷普贤大菩萨，加持普眼于一切方所现前身事业，缘于普贤而以现行一切法界之心加持，离贪通达一切法，与普贤一愿，无二入定，加持于一切世界，显现身体，随同根无有差异，愿遍行修行普贤愿。如是将见到普贤菩萨。”

精诚所至，云散日出

之后，普眼菩萨及那些菩萨眷属顶礼、祈祷普贤菩萨。即刻，那些菩萨均现见普贤菩萨安住于如来足下，坐在莲花垫上。眷属菩萨的身体也皆显现，从浩瀚无边的世界中来此，接连不断真实显示佛陀在一切世界中宣说一切佛陀的事业，尽显一切菩萨行，开显遍知智慧道，真实显示菩萨的一切神变，真实宣说菩萨的最上威力，尽显无量如来的三世，普贤菩萨显示如此神变。见到他的神变，一切眷属皆大欢喜，均顶礼普贤菩萨。当时，天降各种花雨，种种鬘云等，降下数以万计的云雨。不可言说的世界出现六种震动，也传出乐器的声音及天人的众多妙音。大光明普照，一切众生得以清净，杜绝恶趣。不可言说又不可言说的菩萨趋入并成就普贤行，圆满宏愿后，现前无上菩提佛果。

随后，普眼菩萨呈禀世尊："世尊，普贤菩萨现行大本性，无与伦比，无有间断，不复退转，证悟等性，不被他夺，精通诸法无异、诸法不共、加持一切众生心而行持。普贤菩萨于诸法自在，行持等持、解脱。"

世尊告言："的确如此，普贤以无数功德清净、以无比功德庄严，具足无量功德宝，是不可思议功德之源泉海，具有无量功德法相、无边功德之妙云、无间功德，赞叹称扬，法宝无尽。普贤，一切佛陀宣说赞叹其功德无有穷尽。"

其后，世尊告普贤菩萨言："你当为普眼菩萨等一切菩萨眷属，宣说具足圆满普贤菩萨行愿之十等持、无量功德赞叹。若具足它，虽是菩萨，也堪称如来、十力者。"

普贤菩萨遵如来言教，为众眷属宣讲稀有大法理。犹如众生心无有边际，胜义中无生，但在名言中，生、将生无边无际，不可衡量，如是普贤菩萨通达法门尽其所有数。犹如诸龙降下每一滴如田地木鳖果大小的大雨流，它无有穷尽，尽管前面降下，后面不降，但云聚无尽，同样，普贤菩萨之等

持、智慧、法门、见佛、神变门等无尽、无有间隔、无有边际、不复退转、无有间断、无有唐捐。犹如火在有柴之处就会燃烧一样，菩萨也是乃至有众生界、法界等流转期间，无有尽头而显示游舞，以此展现普贤行。”

尔后如来告心王菩萨：“无诠尘普贤，劫中赞普贤，普贤赞不尽，无诠诸普贤，正入每发尖，如一一切境，法界尽复然。”

随后，世尊面门发出百千无数那由他不退究竟轮光，照耀一切浩瀚无边世界后在那些世界中右旋十次，显示如来的神变，止息恶趣相续，震慑魔众，庄严佛陀眷属坛城等，周遍世界法界尽虚空际浩瀚无边界后返回，右绕菩萨眷属的一切坛城以后，隐没于普贤菩萨的面门。那光芒刚接触普贤，他身下的狮子座便较前美妙、高出百千倍，除了如来的狮子座以外，无有高出其者。

如来种生吉祥菩萨请问“普贤菩萨显示如来生世的法门实在稀有奇妙，请展示诸佛之生起、身语意之处、行境、现前菩提、转妙法轮、趋大涅槃、见闻诸佛、依止如来生起善根之情形”时，依靠佛陀的威德力，尽十方百千不可言说俱胝那由他世界极微尘数的世界出现六种震动，降下天花、妙衣、伞幢等雨，降下诸佛菩萨“善哉”的大妙音雨等。尽十方八十百千不可言说俱胝那由他世界极微尘数以外，八十百千不可言说俱胝那由他佛土极微尘数的菩萨均相应普贤菩萨而来，赞叹说：“他在我们的刹土也依这种文句说法……”并加以随喜。普贤菩萨通过宣说此法，使尽百千佛刹极微尘数的菩萨获得菩萨一切等持及神通后，获得一生圆满菩提的授记，而且尽百千佛土极微尘数的众生发起无上圆满菩提心，获得未来成为境圆佛的授记。未来时，也使四洲的一切有情得知此法、得以调伏，如是十方尽虚空际无余一切世界中，一切众生得以调伏。

如是，尽十百千不可言说俱胝那由他佛土微尘数的菩萨同赞普贤菩萨名号。

之后，在菩萨眷属大会中，普贤菩萨入定于佛陀华严三昧，即刻，尽虚空遍法界的十方世界普皆出现六种震动，极度动摇，依此普贤菩萨从那种等持中出定。

普慧大菩萨请问菩萨的等持、稀有之想、行为乃至涅槃的二百多个问题。普贤菩萨以十种差别，宣说了修行善说菩萨行法门。此时，无量无数世界震动，遍大光明，十方诸佛出有坏以笑颜面对普贤菩萨赞叹“善哉”并作广说。

虔诚的善缘人，诸大菩萨予以摄受

其后，商主之子善财获得如虚空界般不可思议的行境海，他欢喜渴望见到普贤菩萨，目视如来狮子座而住。依靠他的清净意乐威力、一切如来的加持及与普贤菩萨的往昔善根同缘分，出现了见到普贤菩萨的十种前兆。如此一切佛土都以菩提藏清净庄严而变得清净，一切刹土全无无暇及恶趣等，具有无量庄严，众生普皆清净，具有种种瑞相。此外，见到普贤菩萨的瑞相还有：善财看到一切刹土一一微尘中有一切如来众多光网等庄严不可思议妙云十种幻化。因此在《见普贤菩萨品》中说："如果见到普贤菩萨，要想到这就如同获得遍知，获得不退转之解脱的不可思议力量。普贤菩萨与一切如来平等性，随行三世等性，具足不可思议、不被他夺的行境，具足无边的智慧境，为一切菩萨所瞩目，震慑一切世界，为一切眷属所跟随，具足超胜境界。"

善财又见到在出有坏毗卢遮那如来面前的菩萨眷属海中间，普贤菩萨狮子座上有珍宝大莲花台，他的一一毛孔显现尽一切世界极微尘数的众多光云，照耀尽虚空遍法界的一切世界，止息众生的痛苦，其身体的坛城中出现尽佛土极微尘数的众多种种彩云，令一切菩萨欢喜、信受力大增。又见到普贤菩萨的头顶、双肩以及所有毛孔门，出现妙香闪光的众多缤纷云雨降下，遍及一切如来的眷属坛城。他又看到：所有一一毛孔降下妙花云雨、种种香树云、种种妙衣云、种种彩旗鬘云、种种珍珠云、如意宝珠云、珍宝树云，属于色界天趣、梵界天趣、欲界天趣天王身云，显示种种清净不清净佛土之妙云、清净佛土中佛陀身及菩萨眷属之妙云、一切有情身体妙云、菩萨身体妙云、普贤行妙云等，一一出现尽一切佛刹极微尘数之妙云，一一妙云充满尽虚空遍法界的一切刹土，供养赞叹一切如来，受持正

法，以种种方便使如海有情界得以成熟、解脱。

见此情景，商主之子善财欣乐随喜，心生悦意。他更进一步看到：普贤菩萨的身体及一一肢体，其肢体分出的一一支节，其身体的一一部分乃至一一毛孔及其分出的一一部分之间，均显现大千世界从风蕴到色界、无色界之间的器情世间影像。又见到如同这个世界一样，十方一切世界佛陀出世及其菩萨眷属，这个娑婆世界前际的世界连续形成，不尽其数的佛陀出世，及菩萨、有情安住，一切都在普贤大士的一一妙相中得见。也见到了尽未来际的浩瀚佛土。如是十方的一切世界前际后际接连辗转，一切均于普贤身体一一相及一一毛孔中互不混杂而见到。他又看到，犹如普贤菩萨在毗卢遮那如来前安坐一样，在东方莲花吉祥世界妙吉祥如来前，他也显示这种游戏等，于十方一切世界的如来前安坐。十方一切刹土一一极微尘的范围内，佛陀坛城如法界般广大，普贤菩萨于一切如来足下的狮子座大莲花台上安坐，显示这种游戏。他身体的一一部分，显现三世出现的一切所缘影像，显现一切佛土、一切佛陀及一切菩萨。佛陀的妙音、众生的音声、一切佛陀转法轮及开示教言的一切神变，真实摄集菩萨及佛陀的游舞也统统听得到。

善财这般耳闻目睹了普贤菩萨的游戏后，在心的一刹那间，身体充满一切佛土，前往一切如来足前，供养承侍之后，一刹那间获得乃至现量了知普贤菩萨行之间的智慧十波罗蜜多。普贤菩萨舒展右手放在具足如此行为的善财头上，即刻，他趋入了尽一切佛土极微尘数的等持门，由一一等持中，趋入前所未见尽佛土微尘数如海世间。圆满遍知福田微尘数，出生同等数的遍知法。安住遍知，使同等数的遍知之道及威猛力得以增长超胜，愿海、菩萨行、诸佛之一一智慧光明中也现前尽佛土极微尘数。

犹如在这个娑婆世界，普贤菩萨于毗卢遮那如来前安坐，伸手为商主之子善财摸顶一样，于十方一切世界如来前安住的普贤菩萨及容纳于彼一切世界极微尘数范围内的世界如来前安住的所有普贤菩萨，都伸手为善财摸顶。依此，善财以种种方式趋入了同等数的法门。

付出一分辛勤，才会有一分收获

其后，普贤菩萨问善财："善男子，你见到我的神变了吗？"

善财回禀："圣者，见到了，如此极不可思议的情形，只有如来才了知吧。"

普贤菩萨说："善男子，我为求遍知，于不可言说又不可言说佛刹极微尘数劫中，行持修行菩提心，在一一劫中，供养过不可言说又不可言说佛刹微尘数的佛陀，修行同等数的大愿。为求佛法，于一一劫中，不惜布施刹土微尘数的头颅、肢体、大国政等，所有供品供养同等数的佛陀，受持妙法。在那么多劫中，从未生起过与如来教相违背的发心，没有生起过嗔恨或我执、护己之心以及厌倦轮回之心等。依靠菩提心及其余智慧，生起了难胜难越的威德力。

善男子，我往昔为了圆满、成熟、修行及守护妙法而舍弃生身性命的那些加行，如若宣说，一切劫海也不能穷尽。我于尽同等数的正法海中乃至少许文句，也为救度一切有情、圆满佛法。我舍弃转轮国政及一切财物无有吝惜，如此往昔之加行，如果宣说，不可言说又不可言说刹土微尘数劫将会穷尽，而那些加行也说之不尽。我依善根、信解、智慧、大悲及善知识摄受，通达大愿、精进、神通及一切法、如来的加持力，获得三世无别清净法身，无上身色于超胜一切世间，随行一切众生意乐所缘，于一切刹土励力安住，显示一切神变，令一切众生悦意。

善男子，且观，我获得身圆满，以无量劫海而成就，数多百千俱胝那由他劫中难现难见。善男子，一切未生起善根之有情，尚且不得耳闻于我，更何况见到？任何有情仅听我名，也将于无上圆满菩提中不退转，仅仅见到、仅仅接触、仅仅护送、仅仅跟随，仅仅在梦中见到、仅仅在梦中听到名称，也将于无上菩提中不退转。有些众生，若一日忆念我，将得以成熟；有些于七日……一月、一年、一劫乃至不可言说又不可言说刹土极微尘数劫之间随念，将得以成熟；有些于一生随念我，有些于不可言说又不可言说刹土微尘数生世（随念我），将得以成熟；有些众生见到我的光，如是见到放光，动摇刹土、显示色身，欣乐欢喜，将得以成熟。我以如是尽佛刹土极微尘数的方便法，使众生于无上菩提中不退转。善男子，何人听到我的清净刹土，他们将往生清净佛土，见到我清净身体者，将转生成如我身体一般。善男子，当观我此清净身体。”

什么都不是无缘无故而来

其后，商主之子善财观察普贤菩萨的身体，见到他一一毛孔中具足不可言说又不可言说如海佛土的如海诸佛及菩萨眷属，刹土的种种大地、种种形状、庄严，如是周围、云朵、虚空及佛陀出世等，以及种种法轮。又见到如一一毛孔一样，所有毛孔、相好、肢体、细分支也是如此。一一刹土海，以一切刹土微尘数的佛陀幻化云充满十方，令一切众生成熟菩提。

随后，商主之子善财依靠普贤菩萨的教授及随教，趋入属于普贤菩萨身体范畴的一切世间，成熟有情。如是善财依靠以前到佛土微尘数善知识前现见、承侍而获得的智慧光明、积累的善根，如今才见到普贤菩萨，若仅以所积善根的百分之一、千分之一、百千分之一，则无法得见。他从最初发心起直至见到普贤菩萨之间，接连不断辗转趋入佛陀刹土海，普贤菩萨的一一毛孔也接连不断辗转众多佛陀刹土海，尽不可言说又不可言说佛土的微尘数之间，心的一刹那就能趋入。如是无余所有毛孔也是如此，心的一一刹那就能踏入不可言说又不可言说世界微尘数，尽未来际劫中，依靠加持而踏遍如海世界，然而这并没有完全究竟——如海刹土的威光、分别、归摄、形成、坏灭等，佛陀出世及菩萨眷属的情形，趋入成熟众生的界性、根基，菩萨的甚深神变等，没有究竟。

善财于有些刹土，百劫中行持，乃至于不可言说又不可言说刹土劫之间行持，那些刹土也没有动摇。依靠心的一一刹那，成熟无有中边刹土之有情。他如是次第获得普贤行愿海等性，获得与一切如来平等性，身体盈满一切刹土等性，显示现前成佛的神变盈满等性，如是转法轮、无碍解、宣说妙音、一切妙音分支之行持、力、无畏、佛陀之行、大慈大悲等性，菩萨传记不可思议之神变等性。

其后，普贤菩萨于浩瀚无边劫，辗转世界尽不可言说又不可言说的佛土微尘数，为现身说法而以偈颂妙音讲说普贤行愿。

所有一切善根，回向普贤行愿

《大悲白莲经》[1] 中记载：

辐围国王的第八位王子，名为无害，他于宝藏如来前呈禀："尊贵的佛陀，我发愿于有染污的佛土（修菩萨道），令其变得如同第七王子狮子香菩萨受持的刹土香光离尘佛刹一样，普皆清净庄严。乃至此刹土没有生起如是善根、清净意乐、遍满趋入大乘的菩萨，我都愿成为菩萨，于有染

1 《大悲白莲经》：汉文大藏经名为《悲华经》。

污的佛土行持菩萨行。尔后，我才成就无上菩提佛果。

世尊，愿我尽力行持其余菩萨不行之行。世尊，我已于七年中独自居于静处，思维佛陀的清净功德、菩萨的清净功德、佛土的清净功德，以此生起获得光明庄严等持等菩萨二万一千等持。世尊，凡是那些修行，就是我成为菩萨的菩萨行。

愿我见到、趋入安住于十方无量无边世界住世的佛陀出有坏为利乐一切有情而说法，以及真实超越三世遍满一切如来的幢顶庄严佛刹。

愿我依靠那一等持，现见尽极微尘数为菩萨、声闻众所围绕的佛陀出有坏。

愿我依靠等持的威力，无住而以尽佛刹极微尘数的身体向彼等佛陀一一顶礼，于一一佛前，我的每一身体以种种珍宝、种种美花、种种无上妙香、花鬘、种种末香、涂香、乐音一切无上庄严做供养。

愿我于一个刹土中，尽大海沙数劫中行持（菩萨道）。

愿某时我依靠灭身等持，于一刹那间，获得尽佛土极微尘数一一佛陀的行境。

愿我依靠功德源等持，于一一佛陀前，以尽刹土极微尘数的无上赞颂而称扬之。

愿我依靠不闭目等持，仅于一念中，在一尘上也能现见充满如来的一切佛土。

愿我依靠无染等持，于一念中，能于一切刹土现见过去、未来、现在出世的一切诸佛菩萨的刹土功德庄严。

愿我依靠首楞严三昧，入于一切有情地狱，幻化成有情地狱的身相而为地狱有情说法，令其真实受持菩提，发起菩提心，死后转生于人中，于住世佛陀前闻法，后安住于不退转地。如是于旁生、饿鬼、夜叉、罗刹、阿修罗、龙、紧那罗、摩睺罗伽、食肉鬼、鸠槃荼、身鸠槃荼、贱种人、商人、娼妓，我也如此说法而令他们得不退转。无论众生投生于何种姓、获得何身体、以何业缘感受苦乐、爱好何种工巧行业，愿我在其前幻化成如是身体，随其所作而教化之。

愿我随众生种种异音而为之说法，令一切众生心生欢喜，因而受持无上菩提，以此将他们安置于不退转地。

尊贵的佛陀，愿我于十方万数佛土，令诸众生的心相续中无有往昔业惑余毒，他们的心相续之道，四魔不能知晓，乃至相续获得清净，于此之间我行持菩提道。

愿我令万数佛土皆如光明离尘妙香自在王星辰如来的香光离尘佛土一样，具足功德、清净庄严。然后我自己的佛土及诸眷属，皆如狮子香菩萨所发之愿。

尊贵的佛陀，设若我这些大愿能得以圆满，愿能止息十方佛土一切有情的一切痛苦，使他们内心调柔堪能，现见各自四洲中安住的佛陀，并以种种珍宝、鲜花、妙香、涂香、末香、伞、幢、幡、盖供养那些佛陀，发起无上菩提心。愿我也能依靠光明庄严等持的威力见到那一切。”

普贤菩萨话音刚落，如其所发大愿，一切皆得以现见。

世尊告言：“善男子，善哉、善哉！善男子，你于佛刹周边安置一万清净佛土，并清净无量无数有情的心相续，以无量无数供品欢喜供养无量无数佛陀，善男子，以此因缘，称你为普贤。普贤，你于未来过一恒河沙数阿僧祇劫，入第二（恒河沙数）阿僧祇劫时，由此佛土经过六十恒河沙数佛刹的北方界，有世界名为智水极净功德，你将于此成就无上真实圆满佛果，佛号智慧金刚奋迅自在顶。”

普贤菩萨传第八品终

对于以上这些大菩萨的传记，若能稍稍生起清净信，将成为无量善资之因；依靠清净信，生起自己也想如此修行的欲乐信，则是大乘道的根本，我们必须认识到，若没有通晓菩萨的如海传记，绝对不可能成佛；凭借欲乐信而如理入道，对大乘道果生起不可夺取的强烈诚挚信，会次第成为与这些佛子大勇识同等缘分者，进而获得一切遍知智慧。想到信心之因缘，麦彭纳白嘉瓦汇集如来经教宝藏撰著了《八大菩萨传》，今已圆满。愿以此功德，令等同虚空的一切有情自在拥有与八大佛子平等的诸功德法。

八大菩萨之发心，事业宏愿智悲力，

无上智慧之神变，唯愿我等成如是。

善哉！

愿增吉祥！

2015 年 5 月 1 日译毕于喇荣